フーゾクの経済学

欲望産業の原価がわかる本

岩永文夫
Iwanaga Fumio

JN226898

ワニのＮＥＷ新書
020

装幀❖松本 桂

フーゾクという太い血管には、年間三兆円以上の血液が脈々と流れている★はじめに

私がフーゾクの評論を手がけるようになって、早いものですでに二〇年にある年月が経過している。この間に見、聞き、体験してきたフーゾクの世界は、そのまま日本の社会の反映であり縮図である、という感をたえずもたされ続けてきた。

つまり、フーゾクの世界をピンホールカメラのピンホールに見立てて、その向こう側をながめると、いままで漠としてなかなか焦点を結べなかった日本の社会が、かなり明確な姿として見えてくる。そこに興味と愛着を感じての二十数年である。

性欲という人間の根源的な欲望を、そのままの形で受けとめて職業としている世界。誰でもが多少の興味をもつ世界であるが、そのじつ、かなり排他的な世界である。

ただ、別の見方をすれば、そのぶん外から一望のもと、全体像を把握しやすいところでもある。

そしてフーゾクの社会は、比較的自己完結的な社会でもある。そこに住む人たちは、フーゾクの世界のなかを駆けめぐり成功の階段を昇ったり、失敗の坂道を転がっていったりする。金銭の動きもまたしかり。この世界のなかで駆けまわり続けている。

今回、私はフーゾクの世界の金銭の動きを追ってみた。タイトルは〝経済学〟だが、卑近なお金の流れをテーマとしている。

ここでひとつ概算をしてみよう。

鶯谷にあるホテトルには一日に七〇〇人ほどの客がエッチをしにくる。一回三万円として二一〇〇万円の売上げになる。渋谷には約一〇〇軒のホテトルがあって、一軒当たり一〇人の客がくるとして三〇〇〇万円が同地区での売上げになる。大塚が約七〇〇〇万円、巣鴨が五〇〇〇万～六〇〇〇万円、新大久保、池袋がそれぞれ一〇〇〇万円ずつ。締めて都内のホテトルだけで日に九〇〇〇万円近くの売上げがあると見込まれる。年間にすれば一〇億円を超える。

その他のフーゾクも同様に計算してみると、日本全国のセックス関連事業で動く金銭は、一日に一〇〇億円、一カ月で三〇〇〇億円、そして一年ではじつに三兆六〇〇〇億円と莫大な額に及ぶ。出版業界が二兆円産業だから、その二倍近い額が射精産業で消費されていることになる。

しかし断っておくが、本書に載っている数字は、私が二十数年にわたって見、聞き、体験した数字のなかから割り出してきた妥当と思われる金額である。その意味では、平均的な数字で表現しているつもりである。実際に流れている金銭の額と、さほどの差があるとは思えない。

それにしてもフーゾクという太い血管のなかを年間三兆円以上の多額な血液が脈々と流れている図は壮観である。まさにフーゾクは永遠に不滅なのだ。

岩永文夫

フーゾクの経済学❖もくじ

❶ 王道フーゾクの経済学

チョイの間

❶

王道フーゾクの経済学

ソープランド

日本の代表格はいまどうなっているのか

ソープランドは、数あるわが国のフーゾクビジネスのなかでも、その名を海外にまでとどろかせている日本を代表するフーゾクである。正式には〝特殊個室浴場〟と呼び、風俗営業法によって規定されている許認可事業のひとつである。

つまり、公的機関（警察、保健所、消防署など）にきっちり届け出をして、認可を受けて営業をしているわけで、店舗を構え、看板も出し、従業員名簿の登録もしているのがソープランドなのである。したがってモグリ営業ができない。これがソープ最大の特徴といえる。だから安心して遊べるということにもなろう。

他のニューフーゾクが雨後の竹の子のように出現しては、一年もたつかたたぬうちに、いつか姿を消してしまう。こんな場面をよく見かけるが、それに比してソープランドに関しては表向き、そのようなことはない。一九八五年の新風営法の施行以来、新しく店を建ててオープンをしたという話はまったくないのだ。なかにはソープランドの看板を降ろしてヘルスに転業したり、まったく廃業した店はあってもである。

ここ一五年間、全国のソープランドは減りこそすれ増えはしない。たとえば華の吉原でも以前は一九〇軒からあった店が、いまや一五〇軒を切るまでになっている。大阪にいたっては、かつて八〇軒弱はあったソープが、いまではゼロである。

その意味では、ニューフーゾクとは違い、表には見えないところでソープの浮沈は展開されているといえるだろう。店名がいきなり変わったり、いや店名はそのままでも経営者が変わることとは、最近とみによくあることなのだ。

吉原のソープは三種類に分類される

ソープランドの内側を、まずは料金を手がかりにしてのぞいてみることにしよう。このあたりが、もっとも理解しやすい入口だからである。

ソープランドの料金システムは二本立てになっている。入浴料とサービス料である。しかし、ややこしいことに、このセットで表示をすることはほとんどなく、一般的には、雑誌などを見ても店頭の看板を見ても、入浴料だけが出ているか、はたまた両者を合計した総額で出ているかなのだ。

入浴料とは、特殊個室浴場である店に対して支払う料金である。どこのソープでも入店したら目の前に必ずあるフロントでイの一番に払うべきお金だ。これを払わなければ、店のなかに上げてくれない。

サービス料は、個室のなかで女の子がしてくれるいろいろなサービスに対して払うもの。つまり個人的なお金であって、原則的に店はノータッチなのだ。

この二つの料金を合計した総額料金を表示する店が多い。なぜなら、入浴料ですべてがたりると早トチリして入ってくる客も、なかにはいるからだ。それにしてもソープランドの料金表示は本音と建て前というか、入浴料と総額がそれぞれにあってじつに日本的といえるかもしれない。

この総額料金によってソープランドは、大きく三種類のランクに分けられる。高級店、中級店、大衆店である。高級店とは総額六万円以上の店をいう。大衆店とは、いまでは三万円未満の店をいう。そして中級店とはその間の三万円から五万円台の店をさすのだが、ときには四万円以上の店を高級店と称する場合もある。

ところで、このランク分けは、おもに吉原と川崎の堀之内を基準にしている。地方に行けば、三万円未満とそれ以上に分けて、上を高級店、下を大衆店ということも多い。

高級店と大衆店の違いは何か。いちばんにいえることは時間の長短である。吉原で六万円の店といえば、時間は一様に一二〇分となっている。一方の大衆店はというと、総額一万二〇〇〇円で七〇分とか、二万五〇〇〇円で九〇分という具合いだ。

そして中級店。かつてはこのクラスが吉原の大勢を占めていた。よく聞いた言葉で「ワン・ツーの店」ないしは「ワン・ツー店」といったのだが、ようするに入浴料が一万円でサービス料が二万円だからワン・ツーなのだ。総額三万円でプレイ時間が九〇分。

いまでも三万円から三万五〇〇〇円クラスの店が、もっとも客を集めているようであるが、これはいまは関係ない。現在の中級店は一〇〇分の時間で入口が一万五〇〇〇円でナかが二万円というのがふつう。

それにしても一〇年ほど前なら吉原一九〇軒近くのソープランドのうち一〇〇軒ほどがワン・ツー店だった。それが現在では、四万～五万円以上の店が全体の半分以上になってしまった。

その理由はいろいろとあるのだが、多くの人が認めているのは、諸条件によって客足が遠のいたことが最大の理由という。つまり、客足が離れれば女の子の取り分は減る。そこで彼女たちの取り分を、数少なくなった客から確保するには、サービス料を上げればよい。こんな考え方で、この一〇年間に料金をアップしてしまった高級店は多い。少ない客、少ない経費、少ない人件費で利益をあげる。これが高級店の発想といえる。

高級店と大衆店のサービスはどう違うのか

今度は高級店と大衆店のサービスについてみることにしよう。うっかりすると高級店の入浴料ぐらいの金額で、すべてがまかなえてしまう大衆店だが、遊びの時間でみると片方が二時間なのに対して片方が一時間ちょっとで、あまり大きな差とはいえないが、遊び方が違えば、料金の違いも納得いくものだ。

高級店のプレイの条件は、まず二回以上の発射。客のほうが一回でいいといえばそれでもいいのだが、原則として二回は発射するべく女の子が努力してくれる。

サービスの内容は、広い部屋での椅子プレイ、マットプレイにベッドプレイのフルコースである。椅子といってもスケベ椅子で、下のくぼみから片手を入れてチョコチョコというのではなく、くぐり椅子というアクリルでできた透明の椅子で、そのなかに女の子が頭を潜らせて、ポールはおろかボールからホールまで座っている客の敏感な部分を舐めつくしてくれるのだ。ここで高級店の女の子は、かなりのテクニックを要求される。

一方の大衆店では、店によってマットか椅子のどちらかのサービス。椅子はスケベ椅子である。ベッドプレイでの発射は一回が相場だが、発射回数に制限をしている店はないはずだから、気力と体力さえあれば何回でもOKだろう。ただし女の子が嫌な顔するかアキレるかは知らない。

中級店の場合では、サービスの内容はほとんどが高級店と同じといえる。椅子プレイもマットプレイもどちらもやってくれる。ベッドプレイも十分に味わうことができるわけだ。発射回数を一回にするのか二回にするのかは、高級店より若干短いプレイ時間と相談しつつ考えればいいことだ。

ところでソープランドのプレイの目玉といえば、何といってもマットプレイである。硬質のウレタンでできたマットを浴室全体に敷いて、フンワリフワフワ。さらに女の子が覆いかぶさってきてローションがヌルリヌルリ。これだけは他のフーゾク業では体験できない心地よさである。

この頃は、ヘルスとか性感店でもマットプレイを取り入れているところがあるが、本場の本物に比べたら、その快感指数はかなり違う。なにしろソープファンのなかには、マットファンというか、マットしか楽しまないというマニアックな人種までいるほどなのだ。

しかし、じつはこれ、禁止事項なのである。なぜなら〝ここは浴場である。浴場にこんなものが必要か〟ということで当局が抜きうちの検査にきたときに、もしマットが発見されると大きな罰点になる。間が悪ければ営業停止の対象事項になってしまう。だから当局のスタッフが吉原なり堀之内を巡回しているという情報が入るや、男子従業員があわててマットを片づけている光景を見たことのある人もいるだろう。

複雑な計算を必要とする泡姫の取り分

ソープランドの主役といえばやはり泡姫とも呼ばれるソープ嬢である。彼女たちの収入について、その財布のなかをのぞいてみると——。

まずは高級店に勤める女性の場合は、入浴料が二万円でサービス料が四万円として計算する。前述したように、このうちの四万円が彼女の取り分だが、実際には、ここに複雑な計算を必要とするのだ。以前は〝ブッ込み〟ともいっていたお金に相当するものなのだが、高級店の子が客を一日一人取るとする。すると店にだいたい二〇〇〇円ほどのお金を必要経費としてバックする。それが一日に二人の客だと、一人につき七〇〇〇円ほどになり、合計一万四〇〇〇円を戻す。三人以上の場合になると、一人につき九〇〇〇円で、合わせて二万七〇〇〇円以上の金額をバックする。

しかし、一方では、ついた客が指名客の場合は、女の子に一人当たり五〇〇〇円が店から払われる。このあたりの数字は、だいたいは同じだが、それぞれの店によって若干は異なる。

余談だが、高級店の場合にはよく、ただいまサービス期間中だからと入浴料一万円割引きとか、一気に無料とか、思いきったディスカウントをしていることがあるが、これでは店の維持費も出ないと思ったら大違い。こういう経路で、大切な店は成り立っているのだ。

余談ついでにふれておくと女の子の出勤は、一勤一休か二勤一休といって、一日おきの勤務か、二日働いて一日休むといったローテーションが一般的だ。二勤一休の場合は、早番といって出勤時間が一二時三〇分からの日が一日あって、つぎの日が遅番（一五時から）で、翌日が休日という例が多い。このローテーションは高級店ほどきっちりしていて無断欠勤とか遅刻をくり返すと、たちどころにクビになる。そのあたりはかなり厳しい。

フリーの客は女の子をどう当てがわれるのか

さて大衆店では、店にもよるが、客をフリーの客（指名なしの客）と指名客に分けて女の子に対する支払いをする。

たとえば、総額で二万五〇〇〇円の大衆店で見てみよう。

入浴料が八〇〇〇円でサービス料が一万七〇〇〇円とする。女の子には、フリーの客の場合では一万七〇〇〇円がとりあえず行く。これが指名客となると二万円が渡される。

しかし、そのうちのほんの一部ほどだが、これは別にキープされる。で、貯めておいて月に一回のミーティングのときに手渡すのである。金額は出勤日数で割るなどして算出する。これは思わぬお小遣いであって、彼女自身の内緒のお金である。ただし、ミーティングに出てくることという条件がある。その場で渡されるのだから女の子たちはよろこんで出てくる。これも女の子の管理法のひとつだ。

フリーの客と指名客とで手取りが違うのも、こうすれば彼女たちは一度きた客をもう一度店にこさせるべくサービスに徹するからだ。このシステムのほうが女の子たちは、よく働く。

なお、前に書いたように大衆店のフリーの客の場合、女の子には取りあえず一万七〇〇〇円のお金がいくが、このうちの二〇〇〇円ほどを〝ブッ込み〟としてフロントにバックさせている店もある。これは古くからのソープの慣習だ。

ところで、ソープランドに指名なしでくる一般客、いわゆるフリーの客がきた場合に店では、どのようにして女の子をつけるのかを調べてみた。

まずは待合室で写真を見せて客に選ばせる写真指名。このことを写真見世ともいう。どのフーゾクでも、女の子が並んでいて(一人の場合もあるけれど)、なかから直接に選ぶパターンを江戸の昔から顔見世といっていた。ただソープでは、以前はこのシステムを取っていなかった。理由は簡単である。よく選ばれる子と敬遠される子がはっきりしてしまうからだ。そこでソープでは本来、きた客に順番に女の子を紹介したものである。

しかし、いまは客が女の子の写真を見て選びたがる。だからこそ写真見世なのだ。これがフリー客に紹介する手順の一番である。

つぎは公平に当日お店に出勤してきた順番に女の子をつける。それ以外の方法としては、取材に応じてくれる子、さらには指名の取れる子などを優先的にフリーの客に紹介していくこともある。どちらも店にとっては大切な存在だからだ。

店を借りるにはどれくらいの金が必要か

いよいよ実際的なお金の動きについて見ていこう。しかしまず、吉原だけでなく、一九八五年二月の新風営法「風俗営業等の規制及び業務の適正化等に関する法律」の施行以前と以後では、さまざまな意味合いでソープランドを取りまく経済的な条件が変化したことを知ってほしい。できる限り、以前との比較のなかで実際の動きを追ってみる。あらかじめ先に断っておくが、新風営法以前というか、いまから十数年前は、ソープランドの黄金時代であった、ということである。

ソープランドを経営するには、新風営法によって新たに店を建築して開店して、というパターンが取れないから、いまあるものを借りるしか方法はない。それがあまり気に入らない箱だったら一〇〇〇万円なり二〇〇〇万円なりを使って内装、外装を変えればいいのだ。

しかし、これを一度にやってはならない。内装工事と外装工事を一緒にすることは、新築に等しいからだ。そこでまずは許可をもらって内装工事に一カ月。それがすんで数カ月おいて外装工事を一カ月。こうすれば新風営法の下でも問題はないそうである。法律は難しい。

吉原でソープランドというと、八部屋ぐらい個室があるのがスタンダードな店といえる。それを借りるのには、保証金が三〇〇〇万円から四〇〇〇万円ほど必要で、月の家賃が二五〇万円から三〇〇万円が相場であろう。高いところだと現在でも月に六〇〇万円という店もあるようだ。

普通だと店を借りるにはこの保証金と家賃でよいのだが、吉原では、そのうえに造作費というのがかかる。というのもソープランドの新築はいっさい御法度なのだから、借りるしかないとなれば、居抜きということに。そこで家賃などは大家に払うのだが、内装代プラスTVとかベッドなどの家具類に見合った以前の造作費を六〇〇万円から一〇〇〇万円ほど支払うことになる。

この家賃だが、八五年の新風営法施行までは、ソープランドの営業が午前一時まで認められていた。この遅い時間帯、深夜一二時から一時までの間に入った客で家賃を払っていたのだ。錦糸町や上野、銀座あたりからくる客で一回転から一回転半はできたものである。この、わずか一時間の営業時間の短縮だが、じつに大きな痛手となっている。実際の数字で施行後、一〇〇〇万円から二〇〇〇万円は確実に落ちている。

この時代には客が余っていたという。

「待合室をふたつ使って、事務室使って、女の子の控え室まで使って、まだ客があふれているんだ。戦争だよ、まるで。女の子だって食事をのんびり取っている暇がない。そこで客を送り出して使用したタオルを出しに部屋から出てきたところで、店の側が用意していた寿司がタオルポストの前においてあって、それをパクッと食べる。もう、こんな時代二度とこないかなぁ」

とは、この道二十数年のベテラン店長氏。

二万円台の店で日に客の数一二〇～一三〇本。土、日ともなると最高で一六〇本もの客が押し寄せたという。フーゾクでは人数を一本二本と数えるが、このぐらいの多数になるとムべなるかなである。もう人格なんか、あるわけがないのだ。

月の売上げが一〇〇〇万円を切る店も

以前に比べたら家賃は軒並み五〇万~六〇万円は安くなったという。人件費も同様である。以前は社長クラスで手取り二〇〇万円が平均で、なかには複数の店を見ている人で三五〇万円の月給を受け取る社長もいた。店長クラスで八〇万いくかいかないか。

それが現在だと社長でも歩合、月給の違いなく八〇万から一〇〇万円程度。店長でいろいろ入れて五〇万円というのが相場のようだ。これがボーイになると二五万円から三〇万円ほどで、こちらはなぜか昔もいまも変わらない。

これらを見積もって、以前だと大衆店で月の売上げが一八〇〇万円ぐらいになる。さらに七月、八月、一二月、一月のこの四カ月は、人の動く月である。この時期になると月額で二三〇〇万から二四〇〇万円くらいにまでアップする。これなら昔をしみじみ懐旧するのもわかろうというもの。

それが現在だと、月の売上げが一〇〇〇万円もいかない店が目につく。それでもふつうの月で一〇〇〇万円がだいたいの目安だろうか。で、いい月で二〇〇〇万円、前述の四カ月ですら月に一五〇〇万円程度しか売上げの出ないときもある。いってみれば以前の売上げの半分にもならないというのが、最近のソープランドの現状のようだ。

ところが、これが池袋ともなると現在でも〝早朝一束夜一束〟といって、日に二〇〇人からの客が入って一〇〇〇万円がとこのお金が店に落ちるという。

これをどうみるか。吉原からの客離れとみるのか、それともソープ客全体の減少とみるのか。もう少し時間をかけて見届ける必要があるだろう。がんばれ吉原！　といいたいところだ。

スケベ椅子はいったいいくらで手に入るのか

現在の経費を、もう少しくわしくながめてみよう。家賃が吉原で二五〇万から三〇〇万円が相場とは先にいった。しかし、これをくわしくみていくと、同じ吉原のご町内でも場所や店の構えや付帯設備のあるなしによって、かなり違ってくる。公園通りのいいところでは月に三五〇万円、その裏の七五三通りで月に二五〇万円くらい。さらに江戸二丁目の奥まった一画ともなると一五〇万円くらいに。場所によって、一〇〇万円単位で値段が安くなるのだ。

これに店を切り盛りするための費用としては、水道代、重油代、電気代などが必要だ。とくにソープランドは個室浴場なのだから水を使う。二カ月でおよそ一〇〇万円から二〇〇万円は水道代になって流れてしまう。かなりの金額といえるだろう。

続いては重油代。これも個室浴場なのだから、お湯を沸かさねばならない。しかも大量に。それにかかる重油代が月に三〇万円がとこ。そして電気代のほうも、動力と家電を合わせて同じく三〇万円は支払っている。店によっての差はあるが、以上の数字が、たいていの店の標準とみてよいだろう。

さて備品である。

これは女の子に案内されて入った個室のなかをぐるりと見回して、そこにおいてあるもの。つまりソープのお仕事に必要なものばかりである。といってまず思いつくのはタバコと飲みもの。これは女の子が自前でそろえるのがふつうなのだが、高級店になればなるほど店もちになる。

それ以外の備品も列挙してみよう。身体をきれいにしたり消毒したりするのには、うがい薬としてイソジン。これが一本が四〇〇〜五〇〇円也。値段の差は、取引き先の問屋によって生じるものだ。手術用のイソジンが一八〇〇円。これはいったい何に使うかというと、オチンチンとかの殺菌用。そして殺菌の石鹼のクリアレックスが一ポンプで二〇〇〇円。ハブラシが一箱で三〇〇〇本くらい入って七五〇〇円。プレイを楽しむには歯もきれいに磨いておきたい。

プレイのほうの大切なお道具になると、ごくポピュラーな、あの金色のスケベ椅子が一個二万円。それがアクリル製のくぐり椅子プレイ用のものになると一個で六万円もする。そしてソープの定番マットであるが、これは思ったより安くて八〇〇〇円ほど。マットを使うときにはポンプで空気を送ってふくらませてから使う。

この椅子やマットでのプレイの必需品といえばローション。一般的に透明な業務用のものので一本が一万円。とはいってもこの一本はポリタンク一本のこと。それを女の子なり男子従業員が、手で簡単にもてる容器に取り分けるのである。さらに、ふつうのローションでは肌荒れが……という女性用に、一般の薬局で売っているピンクローションも備品のなかにある。これは一本二三〇〇円と割高なのが欠点か。

そのうえ、いろいろな意味でどうしても必要なのがコンドームだが、これはシルクというものを多くの店では使っている。もちろんこれも業務用がある。それによると、なんと一箱に一グロスだから一四四個入っていて二三〇〇円という安さだ。

それ以外の備品では、リネンともいうタオルだが、これは店によってかなりの差がある。フェイスタオルとバスタオルの両方で月に三〇万から四〇万円くらい。ボーナス時期になると五〇万から六〇万円くらいにまでなるだろう。そのうえ、これが薄利多売、客を数でこなす大衆店ともなると二倍から三倍になるという。すなわち暮れの一二月ともなれば、大衆店のタオル代は二〇〇万円近くになる。しかし、ここまで金額がかかるということは、その店は大繁盛しているといえる。

週二回の〝出勤〟で月七〇万円稼ぐ一七歳

最後に女の子の収入を調べてみよう。これは一〇年以上前でも現在でもナンバーワンクラスなら五〇〇万円という月収の線はくずれていない。

ただし以前は、最低ランクの子でも一五〇〇万円は稼げたものだが、いまは一〇〇万円を下回る子もいるという。

現在、月に三〇〇万から三五〇万円稼いでいます、という子は売れっ子の部類に入るが、おそらく一軒の店に一人ないし二人いるかどうかだ。

以前は、このクラスが目白押し。〃宵越しの銭はもたない〃式の子が多かった。〃明日、出勤すれば稼げる〃の自信に裏打ちされていたのだ。それがいまではどうも、女の子の気質が大きく変化してしまったようだ。

その一方で、高級店になると客をたくさん引っ張ることができる優秀な子をスカウトするのにバンス（前払いの保証金）を払うことも最近ではあるという。それもトップクラスの子になるとなんと三〇〇万円ほどをポンと渡すこともあるらしい。これはもう銀座のクラブ並みだ。ソープランドという商売もフーゾクビジネスである限り、もっとも大切なのは〃女〃である。

最近の新聞に載ったソープランド関係のお金にまつわる事件簿、と思って一九九九年一年間の新聞の三面記事をあらためて調べてみると、三つの気になる事件を発見した。それがまったくの偶然なのだが、一〇月二二日付けの記事が二件と翌二三日付けの記事が一件。なんと二日間で一年間に見合う事件報道がなされていた。

二二日の記事から見ると、朝日新聞の一八面の右肩六段ブチ抜きで載っていたのが〃17歳高級ソープ嬢〃のやたら大きな文字。その下に〃働かせていた風俗店摘発〃とある。記事中の見出しは大きめに〝ホストの彼氏にすべてを貢ぐ〟〝高校中退後家出しストリッパーから転身〟。

この日は、よほど新聞ダネのなかった日なのだろうか。それにしても扱いが大き過ぎる、というのが記事を前にしての筆者の第一印象である。

その内容は、吉原の超人気ソープ嬢がじつは一七歳だったことが発覚して経営者らが逮捕された。容疑は児童福祉法（淫行させる罪）などだが、A子は昨年二月（九八年）頃から今年五月（九九年）にかけて吉原の高級店で働いていたというもの。じつに一年以上にわたって働いていたのだが、当然経営者たちは一八歳未満と知ってのうえでのこと。

バスケ部のエースだったA子が家庭の事情から高校を中退、家を飛び出したのは九八年のこと。その後飲食店勤務を経て、もち前の美貌と運動神経を生かしストリップ劇場に踊り子として出演するようになり、一躍人気ストリップ嬢になった。収入はうなぎ登りで、夜遊びも覚え、ホストと同棲、稼ぎのほとんどを貢ぐようになったという。

その後、ホストの強い勧めでA子はソープ嬢になるが、ここでもA子はアッという間に売れっ子ソープ嬢に。「一回六万円で週一回しか出なかったけど、いつも予約で埋まっていた」（元常連客）という。月約七〇万円を稼いで、そのほとんどをホストに貢いでいた。

一般の人が考えるような、想像できる範囲内でのA子の転落劇である。わずか一年あまりの間に、ストリッパーからソープ嬢までを体験し、その裏に悪質なホストがいた。それに足すところの、彼女が美人でどこでも売れっ子になって高給を得ること。一七歳の子が週に一日お店に出ていっては七〇万円だ。それにしても、この元常連客というのが凄い。彼女の懐具合いもよく知悉《ちしつ》しているし、事件後しばらくの期間がたっているのに記者のインタビューを受けるほどの距離にいること。常連でありながら業界通の人なのだろう、きっと。

そしてA子は、現在は親元で更生の道を歩んでいると記事は締めくくられている。

フーゾク店が知らずに未成年を使ってしまうケースはタマにあることだ。いまどきの女の子は外観だけなら一〇代もなかばを越せば判断がつかない。なかにはA子のように金がほしくてフーゾク店に働きにこようとする子も多い。その際、身分を保証するものとして、姉とか年上の友人の保険証などをもってこられたら対処の方法がない。良心的な店ならそれなりに怪しいと思えば質問とかでチェックを入れるのだが。

この記事の凄さは、一七歳の子でも身体ひとつで楽々と月に七〇万円の大金を稼げてしまうことにある。しっかり更生しろよ。

経営者の懐具合を再認識させられた事件とは

続いて、同じ日の、これはゴミ記事である（参考までにゴミ記事とは紙面の端のほうに数行くらいで扱われている小さな記事のこと）。

見出しは〝風俗店経営者が強盗に襲われる〟となっている。記事は、昨二一日午前一時半のこととして、フーゾク経営者の妻から「自宅の前で夫が頭から血を流して倒れている」という一一九番通報があった。顔や胸の骨が折れて三カ月の重傷で、現金約二六〇万円が入ったセカンドバッグがなくなっていた。警察は強盗傷害事件とみて捜査中。

それにしてももっているものだ。この人、ソープランドの経営者である。いつもバッグのなかにズクといって一〇〇万円の束をいくつも入れていたのだろう。それをゴッソリということだ。これが店の売上げなのか、個人の小遣いなのかはさておいても、凄い。あらためて経営者の懐具合を教えられた。

つぎは翌二三日の記事。こちらの見出しは〝ソープの客に高金利で貸金〟とある。その横にサブタイトルが〝無登録容疑5人逮捕〟と。

記事によると、クレジットカードが使えない個室付き浴場（ソープランド）で、客から高い手数料をとってカードの支払いができるようにしていた容疑で金融業者らが、貸金業規制法違反（無登録営業）と出資法違反（高金利）で逮捕された。

これは信販会社の加盟店契約をしていないソープランドでクレジットカードでの支払いを希望する客に対し、料金に二〇パーセントの手数料を上乗せして、自分たちが経営する飲食店での飲食費などと偽って信販会社に請求したもの、とある。

要は、突然一発シたいと催してしまった男性がソープランドに飛び込んで、「お願い、一発決めたいけど、いま持ち合せがないんだ。なんとかクレジットカードを使えないかな」という図なのである。すると店のなかには、「ハイッ、ではクレジットOKの人を呼びますから」。で、黒いアタッシェケースをもった人がきて、その人の関係の店で、お金を使ったということにしてクレジットを切ってくれる。

たしかにこれは違法行為で悪いことである。しかし筆者も若かりし頃に〝どうにもこうにもシたい〟という性衝動にかりたてられたことがある。男の性というものだ。昔とは違い現在はそんなときに、ついクレジットカードにおすがりしてしまうのだろう。需要があれば供給もある。これを一概にどうのとはいえない筆者の複雑な心理、わかるだろうか。

ピンサロ

フツーの女の子のフーゾクへの登竜門

ソープランドを取材していると、女の子の口からたまにおもしろい話を聞くことがある。

「ソープの前のお仕事は?」

「ホテトルでぇす」

「ホテトルの前のお仕事は?」

「ヘルスでぇす」

「ヘルスの前のお仕事は?」

「ピンサロでぇす」

「ピンサロの前のお仕事は?」

「ごくふつうのOLでぇす」

「ならばOLからピンサロにフーゾクしちゃったキッカケは？」

「私、知らなかったんです。ピンサロのお仕事を。その頃、カードで買いものをしすぎてお金に困っていて、それで求人誌で時給のいい仕事を探して、高級ラウンジ時給三〇〇〇円というのを見て、よしこれならと思ったわけ。お店に行ってビックリ。そこがピンクサロンだったの」

ときどき聞く話である。フーゾクに入る入口のところで、何らかの理由（たいていはお金に困ってだが）によってピンサロにきて、思わず自分の考えていた店とは違うけれど、どうせここまできたのだからエイッヤッでフーゾクの世界へと飛び込んでしまった。

求人誌を見て店にやってきて、その仕事の内容を聞いてあらためてビックリして困惑している女の子を、そのまま帰すことなく店で働かせる。これが、ピンサロ店長の大切で重要な仕事のひとつなのである。

いま彼女がお金に困っている現実に気づかせ、だからここまできたのでしょう、だったら思いきって働いてみれば。けっして悪い結果にはならないからネ……なのである。

この頃のフーゾクの登竜門というか、女の子にとっての入門編がピンサロというケースは多い。なぜかというとピンサロことピンクサロンは、サロンであって飲む場所なのである。

つまり、他のフーゾク業はほとんどがフーゾク業許可の範疇にあるのに、こちらはバー・喫茶店の営業許可を受ける。どういうことかというと、バーとか喫茶店と同じように飲食業だから一般の女性求人誌に広告を出すことができるのだ。フーゾク関連業種は、一般女性求人誌には募集広告を出すことはできない。フーゾクはフーゾク専門の求人誌がある。

いずれにしても飲む場所のウエイトレスかホステスぐらいなものを想像してやってくる子がいるのだ。そしてピンクサロンから始まって、ひと通りフーゾク業を経験して最後にソープに達する。最近のフーゾクギャルの行動パターンのセットも一般的な流れである。

並のOLの倍以上の収入

それでは、ピンサロで働く女の子たちは、どのくらいのギャラをもらうものなのだろうか。調べてみると、まあまあの数字が出てきた。

明細は後で書くとして、まず平均的な女の子で一日に二万円の収入が見込まれる。月二五日の出勤とすると五〇万円。やはり並のOLの倍以上の収入といえるだろう。

さらに店のナンバーワン・クラスともなると、日に四万円は稼ぎ出す。ということは一カ月に換算すれば一〇〇万円になる。しかし、フーゾクの世界では、けっして多過ぎる金額ではないだろう。

ピンサロの仲間には、アルバイトの女の子がサービスしてくれるアルバイトサロン、略してアルサロ。ピンク色の強いサービスをしてくれるピンクキャバレー、略してピンキャバなどがある。なかでもアルサロは大阪が発生地で現在も十三駅周辺中心に根強い人気がある。

ピンクサロンのお仕事は、簡単にいえば、酒とツマミが出されて、隣についた女の子が手でシコシコ、口でフゴフゴしてヌイてくれる。ザッツ・オールなのだ。

しかし最近は、最後の最後まで徹底して面倒を見てくれる〝西川口流〟とか〝赤羽流〟とかいう過激サービスの店も登場している。さらに全国の主要都市には、まんべんなく本番OKの本サロが散在している。

ピンサロの料金は五〇〇〇円から一万円前後が相場で、時間は三〇分から五〇分ほど。料金が安くて、最寄りの駅にはたいていある。つまり近場にあるということ。さらにプレイタイムが一時間たらずと、いうところの〝アン・キン・タン〟、じつにお手頃なフーゾクの代表選手である。

ただしピンサロに対する取締りは、かなり厳しい。コンドームをおいているだけで本番行為をしているとみなされ、三〇万円もの罰金を払わされた店もある。

それ以外で、おもな取締りの対象となるのは、ルックス、構造、ヒワイの三点だ。ルックスとは店内の照明のこと。あまり暗すぎると、やはりおとがめをいただく。構造とは体面する形に置いてあるソファを一方方向にだけ並び変えたりすること。構造変更をすると、これもやはりバツ。ヒワイとは、そのものズバリでヒワイ過ぎてはいけないということなのである。

ソープは風俗関連営業の一号営業（個室付浴場業）、ヘルスは同じく五号営業の許可で営業をしている。しかしピンサロは風俗営業のうちでも料飲関係営業の一号営業（キャバレー営業）という許可で営業が認められているのだが、この許可では客へのピンクサービスはいっさい禁じられている。

フェラチオをしてはいけないし、そのためにコンドームを用意する（コンドームを装着してからするフェラチオをゴムフェラという、念のため）ことも御法度なのだ。

ときどき、街を歩いていると昨日まで元気に営業していたピンサロが、突然「店内改装のため休業中」などという張り紙を貼ってシャッターを降ろしている光景にぶつかることがある。これは一〇中八、九以上、何かの項目の違反に対しての手入れによる営業停止処分と思って間違いないだろう。

ピンサロの経営者によると、二年に一度くらいの割合で営業停止の処分をくうのは覚悟のうえだという。この営業停止期間は、たいていが二週間ほどである。そして、この間も女の子や従業員は休みではなく、グループのチェーン店でお仕事を続けている。

五人に一人はフーゾク初体験という新鮮さ

この頃のピンサロは以前に比べて大きく様変わりをしている。以前はピンサロというとあまりいいイメージはもたれてなかった。いわくボッタクリ店が多い、いわくババアが多い、いわくブスが多い。これを3Bと呼ぶ人もいる。

そんな3Bのイメージが払拭されるきっかけとなったのが、一九八五年に施行された新風営法である。その法律のなかにフーゾク店の深夜一二時以降の営業を禁じる一項があった。これによって、それまで深夜一二時以降を主な活動時間帯にしていたボッタクリサロンがしだいに姿を消していった。

それでも昭和の時代はピンサロのイメージは暗いものだったが、平成になって前述の〝アン・キン・タン〟とか支払い法も〝明朗会計〟や〝セット料金制度〟とクリアになって、まずはサラリーマンなどの若い客に支持されるようになった。

男の客が集まれば、そこを職場とする女の子も集まる。

それも一般女性求人誌で募集をするのだからフーゾク初体験の素人ギャルが当然多くくるようになる。

なにしろ募集をかけて五人の子が入店したら、そのうちの一人は素人というかフーゾクは初めてという子がいる。

「他所の店ですでに働いたことがあるピンサロ経験者は、手の抜き方を知っているから適当なサービスぶりですよね。それが素人の子だと、こちらが教える方法をそっくりそのまま客にしますから、とてもハードなサービスになります。だから新人さんを私どもは大事にしますね」

とは某ピンサロの店長氏。

店長クラスで月額三五万から四〇万円

ここでピンサロの金銭の流れを追ってみることにしよう。まずは家賃である。これは地区、場所、規模によっても違いがあるが、都会の下町あたりで経営する店ならば二〇万円から三〇万円くらいの家賃が妥当なところ。そこに入居する際には二〇〇万円ほどの契約金も必要であろう。

人件費は、店長クラスで三五万円から四〇万円。ボーイで二五万円程度である。

女の子は、まず給料のベースに〃保証〃がある。たとえば時給二五〇〇円から三〇〇〇円で、一日保証で六時間の勤務に対して一万八〇〇〇円前後となる。

これに取った客の本数による手当てや、指名料のパーセントが乗せられる。それで締めて平均的な子で一日に二万円ぐらいの手取りとなる。

女の子の料金に対する取り分を計算してみると四五パーセントぐらいになるという。料金五〇〇〇円の店では、そのうちの二二五〇円が取り分である。つまり客一人を相手にして二二五〇円が彼女たちの手に入るということになる。

それ以外の経費として、飲む場所なのだから当然のごとくビールやウーロン茶といった飲料にかなりの金額がさかれると思うが、最近は、これがほとんどかからないという。

「最近は時間がキッチリしているせいか飲みものを悠長に飲んでいる客は減りましたね。時間内で花ビラ回転をして一発できるか二発も三発も発射していく人が多いのでしょう。ウチの場合、ビールはほとんど出ません。ウーロン茶も一日に一・五リットルしか消費されません」

とは前出の店長氏。

ピンサロ名物オシボリの経済学を学ぶ

ピンサロの急所はオシボリにある。一度ならず通ったことのある人なら、店内で何が一番印象的か、との質問に「席につくや女の子がもってきてドサッとテーブルの上におく五本のオシボリ」と答える人は多いだろう。

なぜ五本なのか。一本目で客が手を拭く。二本目で客のオチンチンを拭く。三本目で客が発射したものを受け留めたり、はたまた女の子がそれを口で受け留めた際に口をぬぐう。

四本目で再度オチンチンを拭く。五本目で、女の子の身体のアチコチをさわって汚れた客の手を拭く。以上のように進展する作業五段階に則して五本のオシボリを順次使用していくのである。

なかでも大切なのが二本目のオシボリだ。このオシボリには消毒をかねて水で薄めたウイスキーを吹きかけておく。でもって客のオチンチンを拭くと、消毒にもなるし、もし客がヤバい病気をもっているとするとヒーッと悲鳴をあげる。これがしみるのである。そんなお客様は、お引き取りを願う。

彼女たちがポンと無造作におくオシボリには、このような意味があり、そして本数もきっちり決まっている。そしてこれが急所なのである。

オシボリ関係の話をもう少しする。オシボリの単価は六円五〇銭ぐらいが相場なのだ。すると客一人当たり五本の使用で、店側は三二円五〇銭の資本投下(?)をしているわけだ。

オシボリは四〇〇本で一ケースになっている。するとふつうのマン・ツー・マンの店ではたいていが一ケースを一日の使用量の目安としている。それが花びら三回転の店、つまり女の子が三人交替でつく店では、一日に三ケースほどが消費される。これが一応のオシボリ使用量の概要であって、それを月に換算すれば、ふつう店で二六〇〇円掛ける三〇として月に七万八〇〇〇円。花びら客で二三万四〇〇〇円となる。

ピンサロは客の数が的確に把握できる。オシボリの使用量を調べれば一発なのだ。客の数はさておいて、一日一ケースのオシボリ使用量で約三〇万円の売上げ。三ケースだと三五万円前後の売上げが見込まれる。

急所といえるゆえんは、ここにある。税務署なり国税庁が、あるピンサロに目をつけたら、このオシボリ使用本数をチェックすればたちどころに数字が出てしまう。オシボリ業者に聞いても実数はつかめないかもしれないが、毎日、夜の一二時以降に店の裏側にまわって使用済みオシボリを数えればよいのである。

女の子集めは求人広告が効く

フーゾク店の武器は女の子である。どれくらいいい女の子をそろえているかは、その店の生命線である。そのため女の子の募集には各店とも力を注ぐ。まずは女性求人誌、さらにはフーゾク女性求人誌に広告を載せる。八分の一ページの広告スペースで一〇万円弱ほど。これで応募の電話が二、三件は鳴る。そのうちで実際に店にくるのは、三割程度だという。

新聞の折込み広告も効く。一回の広告に五万円ほどの予算。それで、やはりこちらも二、三人の子が問い合わせてきて、一人ぐらいは入店する。

以上がピンサロのお金の流れの大要であるけれど、もうひとつどうしてもフーゾク商売につきものなのがショバ代である。これは店のある地域によってかなり違う。月額一万円で済むところもあれば、なんと一カ月四〇万円という場所もある。いずれにしても店の安全保障として考える経営者が多い。

❷

裏フーゾクの経済学

ホテトル

そもそも「ホテトル」とは何なのか

「ホテトル」とはホテル・トルコ、すなわちホテルで楽しむトルコの略である。トルコは現在ではふさわしくない言葉とされ、本家のほうはソープないしはソープランドと呼称を変えてしまったが、いまもなおこんな合成語の中には生きている。

つまり、ホテトルとはホテルで居ながらにしてソープ並みのサービスを享受できるフーゾクのお仕事をいう。とはいってもこの場合、ソープで楽しめる泡踊りだとかツボ洗い、マットプレイや浴槽プレイを指すのではなく、あくまでも一発！　セックスだけのことが多い。

以前は、典型的なホテトルギャルがやたら多く繁殖していて、「コンバンワァ〜」とホテルの部屋に入ってくるなり、さっさとスッポンポンになってベッドにゴロリと横になり、お股を広げて〝ハイッ、いらっしゃい〟。それから先もただゴロリのマグロ状態で、愛想のまるでない子がかなり目についた。

しかし、さすがに不景気の嵐が吹き荒れるご時世になってからは、客寄せ、客集めのためにも、サービスに重点をおくギャルが多くなったようである。「ハイッ、私の得意ワザはフェラチオです」「全身舐めには自信があります」などといいながら、エッチの前にサービスに励んでくれる女が増えている。

ホテトルは別名DCともエスコートクラブとも呼ぶことがある。

これは、従来のホテトルのイメージを一新したいという気持ちの表われだろう。誰がそうしたいかというと、まず雑誌、新聞などのフーゾク関係者であったり業者さんであったりする。

DCとはデートクラブの省略形であるが、本来のデートクラブとはまったく違うものだ。デートクラブというのは、後述するように店をもっていて、そこがあたかもふつうのクラブのような形になっている。そこに客が入ってきて、酒を飲みながら店内にいる女の子を選んでから外に連れ出しデートを楽しむ。

ところがDCの場合は、まったくのホテトルのことをいう。デートクラブとデーシーは明確に峻別されなければならない。

さらにDCの変化形としてデートサークルというのもある。こちらのほうがいわゆるホテトルの姿により近い表現かもしれない。

一方、エスコートクラブとは、女性をエスコートするクラブというよりも、エスコートする女性をこっそり紹介してくれるクラブのことだ。

九九年以降デリヘルが急増した背景とは

ここにきて爆発的に急増した新フーゾクがある。

その勢いはホテトルをも飲み込んで新たな潮流となりそうな激しさをもつものだ。一九九九年四月一日の改正風営法の施行をきっかけに突如として出現したデリヘルである。

デリヘルとはデリバリーヘルスの略称で、要は〝宅配〟までを意識した出張フーゾクである。

世間一般で宅配で知られているのは食べもののピザだが、いってみればピザの代わりにギャルを客の家まで配達（デリバリー）してくれるというフーゾクだ。

この行く先、客の自宅ばかりでなく、近くの盛り場にあるラブホテルでもファッションホテルでも連れ込み旅館でもOKなのだ。

つまり、自店がカバーしている地域ならどこにでも出張してくれるフーゾクであって、そのうえにデリバリーヘルスというからには、もちろんヘルスのお仕事をしてくれる。

逆にいえば、絶対にホンバンはなし！　ヘルスなのだからフェラや全身舐めとかはやってくれても挿入はダメ！　彼女のお口かお手々かお股（素股）で発射なのだ。

しかし、そうはいっても大人の男と女がふたりきり、密室でニャンニャン戯れるのだから、それ以上の盛り上がりを迎えてしまうこともあるだろうし、思わぬ方向にコトが発展することもあろう。

ところで、ここが大切なところだが、ホテトルといえば当然、アンダーグラウンドな裏フーゾクの代表選手みたいなもの。しかしながらデリヘルは無店舗型フーゾク店として二四時間営業OKの、れっきとしたオーバーグラウンドな表フーゾクなのだ。警察に届け出さえすればの話だが。

そんなわけで九九年四月以降、数カ月もしないうちに全国で数千軒のデリヘルが出現したのだが、その大半はそれまでホテトルを名乗っていた店である。

いまやホテトルもDCもデートサークルもエスコートクラブも、気分のうえではデリヘルを名乗ることによって、なんだかオーバーグラウンドな存在のようなものになっている。おもしろいことである。

そこで当然、ヘルスなのに本番バッチシのデリヘルが妙に元気に活躍しているのが現況である。ではヘルス系デリヘルとホテトル系デリヘルを見分けるには、どうしたらいいのか。料金でチェックするのが手っ取り早い。ホテトル系は、たいていが四〇分で二万五〇〇〇円、高級なところで三万円が相場である。一方、ヘルス系は二万円以下のところが多いようだ。

どんな人材で構成されているのか

かといってデリヘルのひとり勝ちというわけでもなく、現在にいたるもJR山の手線の沿線である渋谷、巣鴨、大塚、鶯谷などは、相も変わらずにホテトルのメッカなのだ。それも、前述したように、以前にくらべるとサービスの度合いもプレイ内容もかなりバラエティに富み、客を飽きさせない努力をしている店が増えている。

たとえば、ホテルで直接会うのではなく街頭なり付近の喫茶店で待ち合わせてふたりで仲良くホテルのエントランスをくぐる路上待ち合わせだとか、ナースの白衣からウエイトレス、セーラー服、バドガール、ガータースタイル、OLの制服にいたるまでコスチュームを十数種類もそろえてコスプレをサービスの中心においている店もある。

というわけでデリヘルと相乗りホテトルの経済学をのぞいてみよう。

まずはホテトル業の人材構成はどうなっているのか。

もちろん、そのトップにはオーナーでもある経営者か、どこぞのヒモ付きの経営者代理がいる。後者の場合は、大半がその筋の人たちであったりする。

経営者の下に責任者がいる。

これはよほどその店の景気が悪くないかぎりは明確に分かれている。フーゾク業ではよくあるパターンだが、店の名義人イコール責任者であって、〝有事〟があっても類が経営者にまで及ばないシステムになっている。なにがあっても、前段階でコトを止めるのである。

それが責任者の仕事だ。

その下には電話番がいる。しかし、これはときには責任者が兼ねたり兼ねなかったり。

さらに〝出張〟もやっている店では運転手も必要になる。ここまでが男性スタッフである。接客をもっぱらにするのが女性陣であることに間違いはない。こちらは年齢、職業、経歴などさまざまであるが、よほどの場合を除いて、ほとんど些細なことは問われない。要はボディそのものが大切なのだ。

しかし、なかにはマニアックな専門店もある。体重一〇〇キロ以上の子ばかりをそろえたデブ専、四〇歳以上の熟女ばかりを集めたフケ専。フェチっぽさを売る店もあるし、かなりアブないところでは妊婦を用意している店もある。

こうなると、そこで働く女の子も、その条件にハマっているかどうかが大切なポイントになる。

最大の魅力は日払いの給料

では、この男女ホテトル従業員はなぜ集まってくるのか。もちろん種々さまざまな理由があるだろうが、その最大要素は、給料を日払いでもらえるからである。見方によっては江戸時代の駆け込み寺のような印象があるのがこのお仕事。食うのに困っても、暮らすのに困っても、とにかくその日〝出勤〟すればお金になる。だから、みなさん駆け込んでくるのである。

なかには思いきったことを言い放つオーナーもいる。

「この仕事にかかわる人間なんて私を含めてだいたいはクズですよね。なんらかの意味で社会に適応しきれない。たとえば女の子と話をしていて聞くのは、お金に困ってこの仕事を始めて、少しでも貯めなければならないのに、最初のお金でヴィトンの財布を買った。ついでにヴィトンのバッグも買って。〝昨日は彼氏とフグを食べに行けました。とっても幸せ！〟なんていってますよ。どこか勘違いしているかなって」

べつの経営者氏は同様のことをこういう。

「ホテトルやるのは借金でニッチもサッチも行かなくなった女の子がほとんどでしょう。借金はないけど貯金をしようと思って入ってくる子は全体の一割もいないかな。でも、そんな子がホテトルやってから借金だらけになってしまうなんてことはよくありますよ。ふつうのOLとはひとケタ以上も違う収入があるから、どうしても生活が派手になる。いま手持ちのお金を全部使い果たしても明日稼げばいいや、なんて考えるようになってドツボにハマってしまう」

借金まみれの女の子には二つのタイプがある

ところで、借金漬けの女の子には二タイプある。

ひとつは、男も彼女がホテトルに勤めていることを知っているタイプ。もうひとつは、男に隠してホテトルに勤務するタイプである。

この違いは、経営する側からみると、どう左右するのか。

前者の場合は、彼氏も借金まみれのケースが多い。そのくせ遊ぶのが好きでゼイタク三昧。このタイプの子は、さすがの高給取りで出勤ごとにそれなりの日銭をもっていくのに月末には足りなくなる。そこで前借りを……なんて子がいる。

前出の経営者によればこうなる。

「金に対してルーズだから、何年たっても変わらない。ホテトルの回りをウロウロ。そのくせ仕事は休んでばかりで扱いにくい」

この仕事でまじめなのは後者の、借金のあることやフーゾクをやっていることを彼氏に隠している女の子たち。たいていがキャッシュカードで買い過ぎたり、借り過ぎて首が回らなくなってしまった子たちだ。

それを彼氏に知られたら恥ずかしい。またフーゾクの仕事をしていることがバレたら捨てられかねない。

「こんな子は早く借金を返そうと一生懸命働くし、さらにちょくちょく仕事を休んだら彼氏にいったいどんな仕事をしているのかとヘンに思われたりするので、公休日以外はめったに休まない。だから経営者にとっては扱いやすい子なんです」

ようするにホテトルでは、彼氏に内緒でこっそりお仕事をする女の子のほうが、経営者の側からみると便利だということである。

電話を待っているだけでは商売にならない

では店を一軒立ち上げるには、どのくらいの金がかかるのか。順を追ってみていこう。

まず部屋を借りる。だいたいが月一〇万円くらいのマンションの一室だ。入居の際に五〇万円ぐらいの資金は必要だろう。

ここは事務所兼女の子の待機する部屋でもある。

女の子がどんなに増えても他所に部屋を借りるなんてことはしない。また彼女たちもそれに不平をいわない。ゼニのためなら女は我慢するのである。

つぎに、もっとも大切な商売道具である電話を引く。ふつうの店で五、六本で、それぞれには別の店名がつけられている。こちらの電話は「フジサン」で、こちらは「アサマヤマ」。あちらは「アソ」で、その向こうが「ノリクラ」、その手前が「ホダカ」なのである。大手ともなると一〇本からの電話を引いていて、常時三人がかりで対応しているようなところもある。

これらの電話は受け専門だが、転送電話にしているので転送料金が一本当たり月四万円ほどはかかる。

電話は受けばかりではない。夕方六時頃から午前二、三時まで、常連のところへ営業コールを積極的にかけまくる店も最近では増えている。

「もしもし今日はいかがですか」

「先日の子はどうでしたか」

手があいている電話係が、とにもかくにも客のもとに電話を入れる。いつか友だちのようになってしまう常連もして、そのなかには「いつも電話番の人には世話になっているから、女の子と遊ぶ前に寿司でも食おうよ。出ておいでよ。それから遊ぶからさ」などという出す客もいる。

この営業コール代が月に二〇万円はくだらない。以前のように客からの電話を座して待つ時代ではなくなってしまったようだ。

「客をその気にさせるのに、昔はチラシだけでよかったが、いまではダイレクトな電話攻勢が必要なんです」という業者は少なくない。

余談だが、チラシについても若干ふれておこう。都会の盛り場の電話ボックスで、もの凄い数のホテトルのチラシを見かけることがある。この〝広告料金〟をNTTに払うなんて輩はもちろんいない。土地のその筋の連中が仕切っている仕事だから、そちらに払うことになる。

料金はケースバイケースだが、電話ボックスにズラリ貼って、安いときで一カ月二〇万円、高いときで一〇〇万円が相場であろう。

ついでにご当地での営業の尻持ちというか、そちらの筋への安全保障代ともいうべきミカジメ料がある。これは別口で月に五万円から二〇万円払う。

一日の損益分岐点は二五万円

話をもとに戻そう。

営業コールそしてチラシ……。店の存在を知らしめる手立てはいくつかあるが、もっとも強力なのは現在では新聞や雑誌に載せる広告であろう。

この広告に力を入れている店だと、一店舗で毎月二五〇万円ほど出資しているところもある。さらにこの広告のためには女の子の写真が必要だが、その撮影は、月に一回くらいの割合でシティホテルのスウィートルームを使って行なう。

その際、カメラマンにはひとり撮るのに一万五〇〇〇円ほどの撮影料を払い、モデルの子には一万円から三万円くらいのお礼を渡す。モデルは、いつも五人くらい集めて撮るが、うち三人くらいは店の子を使う。そして彼女たちにはそれぞれ着替えとしてスーツ一タイプに下着三タイプぐらいを用意する。

以上、店の経営にかかる費用は、毎日現金で出てしまう費用が一〇万円ほど。それに家賃や広告費、人件費など月にまとめて出る経費が、だいたい四五〇万円ほど。これを一日当たりに換算すると一五万円。締めて一日の損益分岐点は二五万円ということになる。

これに一〇万円を乗せて三五万円以上の売り上げが出れば大入りということで、臨時のお小遣いを男性スタッフに出す店もある。とはいっても、このボーナスはせいぜいが五〇〇〇円から一万円くらい。これを男衆全員で分けるのである。

月に二〇〇万円稼ぐ売れっ子ギャル

人件費についてもふれておこう。

店長クラスで日給一万五〇〇〇円というのが相場か。名義料が込みなら、ちょっと多くなって一万八〇〇〇円から二万円。いずれにしても日給の世界なのだ。

これが電話番になると、時給は入店したばかりだと一〇〇〇円くらい。だから一〇時間働いて一万円である。日数が経るにつれて昇給していくが、これも月単位で一〇〇〇円程度である。

女性のほうはどうか。一日に五万円ほど稼ぐ子が平均的なようだ。月に二〇日〝出勤〟するとして一〇〇万円がホテトルギャルのスタンダードといえよう。

ナンバーワン・クラスになると、月に二〇日の出で二〇〇万円くらい。家庭の主婦のこっそりアルバイトで午前一〇時から午後三時くらいまでだと、平均して客が一本。多くて二本くらいだから、一日当たり一万三〇〇〇円から二万六〇〇〇円。月にすると四〇万円くらいか。

ところで女の子たちの取り分は、店によって若干異なる。一般的な店で、遊びの料金は二万五〇〇〇円である(九〇分)。このうち、フリーの客がついた場合、女の子が一万五〇〇〇円で、店が一万円というのがふつう。客が女の子を指名してくると、女の子の取り分は一万八〇〇〇円で、店が七〇〇〇円になる。

なかには女の子が一万三〇〇〇円で、店が一万二〇〇〇円のところもあるが、これについては〝さまざま〟というほかない。

ただし、指名の場合は、どうしても女の子に多く渡すところが多い。指名があるのは店にとってもありがたいこと。そこで、他店に移られないように手取りを多くするのである。さらに、人気のある子には二、三カ月ごとに「みんなには内緒だよ」などといいながら五万円ぐらいの小遣いを渡す。

某経営者氏はこういう。

「この仕事はじつに原始的ですよ。とくに女の子の管理なんてそうですね。いつも声をかけてあげること。用事はなくてもひと言ふた言ね。それが彼女たちにはうれしいんですね。そこで人気のある子には、ほかの子に気づかれないようにサッと小遣いを渡す。これだけはどうしても一対一のプリミティブな関係しかありません」

だからなのか、女の子の出欠の確認も、ソープランドなどでは出勤コールをあらかじめ前日の夜にかけさせるのだが、ホテトルでは、当日の夕方に事務所の側から出欠の確認や、出勤の子の確保をするべく電話を入れるという。

「比較的、昼勤の子はキチッとしているけれど、夜のほうともなるとかなり自由人が多いですからね、いろいろな意味でね」

以上が、アンダーグラウンド風俗の雄といわれるホテトル業のお金の動きといえるだろう。そして経営者の手元に入る儲けは、月当たりおおよそ一〇〇万円から三〇〇万円ぐらいが見込まれる。

大人のパーティ

闇のフーゾクの発信基地となる場所がある

「ビデオ観賞会」という文字が夕刊紙の三行広告欄に載るようになったのは、おそらく十数年ほど前のことだろう。二〇年とは経っていない。

ビデオ観賞会とは聞きなれない言葉だが、よく見ると広告の発信地というか連絡先は、ほとんどが新宿区か渋谷区。もう少しくわしく見れば新宿御苑の付近や神宮外苑の周囲にある超高級マンションが発信場所になっている。

それ以前から、闇のフーゾクが誕生し、広まっていく発端となるスポットが、この二つの都内にある公園の周囲の高級住宅街にあるマンションなのだ。

愛人バンクしかり、マンヘルしかり、男女交際クラブしかりである。意外に思われるかもしれないが、盛り場からはあまり、闇の世界の、それも高級さを誇る裏フーゾクは生まれないようである。閑静な住宅街から盛り場へという図式が一般的なのだ。

独特な嗅覚をもつフーゾクファンなら発信地を見ただけでこのビデオ観賞会が、はたしていかなるものなのか、その実態は知らなくとも、有名になる前に一度は行ってみなければと食指を動かすのである。

そして一度訪れた人間が、同様の好事家へと話を広めていく。こうやってビデオ観賞会の存在も、初めのうちはクチコミで広まっていった。それが一気に裏フーゾクのなかの目玉商品としてJR山の手線沿線の大塚や日暮里や鶯谷へと拡散していったのは週刊誌、それもたった一誌の一回こっきりの記事のおかげなのだが、その経緯に触れるのは本書の目的ではないので、ここでは省略する。

ビデオ観賞会とは文字通り、世の男女が集まってビデオを観る、観賞する会なのである。問題は、そのビデオが、ごくありきたりのビデオではなく、いわゆる裏ビデオという本番モノであることだ。

当時は、まだ洋モノにしても、日本の裏モノにしても、それほど多くは世間に流布していなかった頃である。まだ本番ズバリのビデオが、ある程度の稀少価値をもっていた時代といえようか。

それを数十本単位でそろえていて、さらにそのうえ、どこを経由して入手するのか画像も鮮明なスグレものを観させてくれる。それがビデオ観賞会だった。

初期の観賞会に参加した男性のうらやましい証言

といっても、単にビデオを観賞するだけではない。会場にきている男女が、ビデオを観て興奮してその気になれば、隣の部屋に布団が敷いてあって気の合った同士で、そちらに行ってセックスができる。

当時の女性客は、あくまで客であった。つまり会側が用意したセミプロクラスの女性ではなく、そのほとんどが裏ビデオ大好きで、なおかつ時間をもてあまし気味の素人女性だった。

だからおもしろい。男もそうだが、女も本気になってセックスを堪能する。営業ではないから女性も本能ムキ出しに快楽を貪りまくるのである。会場の中心はいつしか、観賞ルームから隣のベッドルームのほうに移っての大乱交パーティになる。

それがクチコミで伝えられるにつれて、男性客が増える。やはり女性会員のほうには限度がある。そこで会の主催者は、女子大生やＯＬをアルバイトで、お小遣いを渡しながら集めるようになる。

それにしても女性陣は、一般の助平で淫乱な主婦であったり、ヒマをもてあます有閑マダムであったり、アルバイト感覚でやってくるＯＬと、好奇心で友だち同士誘いあわせてくる女子大生たちである。

初期のビデオ観賞会が、ひそかにしかし着実にファン層を獲得していったのは、このあたりに起因している。

入手がまだ困難な裏ビデオと、それを観ているうちに本気になってしまう素人っぽい女たち。それを、昼日中の都心の超高級マンションの一室で舐めるようにして乱倫の限りをつくすアンダーグラウンドな世界。まさに酒池肉林なのである。

当時、生まれて初めてビデオ観賞会に参加した男性がいったものである。

「凄いねェ！　こんな体験はいままでしたことないよ。初めのうちは会場の雰囲気にとけ込めなかったけど、ウイスキーの水割りを飲みながら、裏ビデオを観ているうちにムラムラしてきて、隣を見たら男と女が抱き合ってる。そのまた隣でもたがいに身体に触れながら戯れているカップルがいる。たしか会場には私を入れて九人の男女がいたけれど、てんでに相手を見つけて……。知らない間に私もですがね。四組の男女が、それこそ助平な格好でビデオを観るのかペッティングをするのか、もう凄いんですよ。

それでいて男性客のなかに年配格の人がいましてね。それとなく気を遣いながら、うまく仕切っているようで、その人は相手がいなくても平然としていて、ブランデーかなんかを飲みながらビデオの画面と他の客たちの様子を交互にながめている。彼はたぶん、主催者かよほどの常連だったのでしょう。そのくせ、いつの間にか隣室にしけ込んでいたカップルがコトを終えて出てきたら、顔がまだ紅潮したままの女性にひと言ふた言話しかけたと思ったら彼女と一緒に隣室へ入っていきましたよ。

これは後から聞いた話だけど主催する人にいわせると、会を開くときは必ず男性のほうを一人か二人多くするとか。それというのも男は一回勝負すると連チャンが効かないから、どうしても、ひと休みが必要。しかし女性のほうは、ある意味で何度でもイケるとかで、男性を一人、二人多くブッキングするそうですね。考えたものです。

それで会が終わって全員が帰る段になったら、さっき仕切っていたオヤジが『それじゃ皆さん、また今度よろしく、お願いしますね』というなり、会場にいた九人が、てんでに着替えて、ゾロゾロとマンションから出ていくんですよ。それも『じゃあ、また今度よろしくね』なんて具合に、旧知の友だちと別れるように。

なんだか、よくわかりませんが、皆が一緒に内緒のことを味わったというか、共通の秘密をもてたというのか、とにかく妙な連帯意識が湧いちゃって、これ絶対クセになりますよ。ハマリますね」

まったくの同種〝大人のパーティ〟

かなり長い談話を引用したが、これが初期のビデオ観賞会である。なかには女性会員でどこからか手に入れた裏ビデオを、自宅では観ることができないと会に持ち込むなどという積極的な人もいた。

いずれにせよ、この時期の観賞会は、どちらかというと好事家のサークル的な存在で、営業的にどうのというものではなかった。参加者も時間を決めて、全員が同時に集まっては会が開催される。一カ月に二、三回ぐらいのものだった。

それが予約の電話さえ入れれば、いつ行ってもOKというように恒常的に会が開催されているようになったのは、高級住宅街から出て盛り場の近くに進出するようになってからである。

ビデオ観賞会は、その名前を短く省略して〝ビデカン〟と呼ぶこともある。それは、さらに〝大人のパーティ〟と名乗るようになり、別のところでは〝大人の集い〟というようにもなり、さらに〝相互観賞〟というようにいくつもの名前がつくようになった。

これは、薄々だがビデオ観賞会が、どんな存在だかわかるようになって、そんな裏フーゾクを、あからさまに雑誌や新聞の記事とか広告に載せるべきではないという判断がどこからか生じてきて、別名を称するようになったのである。

ということは、それだけビデカンが裏の裏アンダーグラウンドなフーゾクだということの証明でもある。

〝大人のパーティ〟とは、じつに言い得て妙である。子供たちはいっさい交えずに大人だけが好き勝手なパーティを楽しむ。そこには、酒と食べものとビデオと布団がある。それとなぜだかティッシュペーパーの箱もある。

で、パーティに参加しようと大人たちが三々五々集まってくる。それもパーティ費用の三万円なにがしかの大枚をしっかり握りしめて。だから〝大人の集い〟でもある。

そしてパーティが盛りあがってカップルとしてできあがった男女の組が隣室のプレイルームへと消えていく。こちらの室内では、すでに先客がいて、思い思いにエッチを楽しんでいる。それを仕切りのカーテン越しにながめながら同様のこともこちらも励んでみる。と向こう側のカップルも、こちらのただならぬ気配に、セックスをしながらジイッと目をこらしながらのぞき込んできたりして、まるでたがいのカップルが助平心と好奇心もあらわに相手のしている行為を観賞するかのようだ。だから〝相互観賞〟なのである。

いまどきのパーティは昔とどう変わったのか

ためしに最近のビデカンならぬ大人のパーティに潜入してみた。よくみると発生当時のシステムとはかなり変わってきている。

まずは、どこのパーティに行くか。夕刊紙に載っている広告などを手がかりに探すことにする。選ぶ基準は、どのフーゾク業の場合でもいえることだが、自分の第六感でピーンときたところを大事にする。キャッチコピーがおもしろいでも、店名が気に入ったでもよい。それでは……という読者もいるかもしれないが、フーゾク遊びなんてアタるときもあればハズレるときもある。そのくり返しで、自然に目が肥えてきて楽しい遊びにたどりつくものである。

広告に載っている電話番号に連絡して場所と行き方を聞き、ついでに遊びの内容とか料金なども説明してもらう。そこで自分の都合の良い時間をいって予約を入れる。後は最寄駅に着いて、もう一度パーティ会場（?）となっているマンションまでの道順を聞いて、目的地へと歩を運ぶ。

めざすマンションのドアチャイムを鳴らして、室内へと案内してもらう。たいていの場合は入った玄関で会費を支払うことになっている。いまでは二万円ちょっとが相場だろう。靴を脱いで最初に通されるのはシャワールームである。ここで手渡された脱衣カゴに服を脱いで入れてからシャワーを浴び、それから浴衣風の部屋着に着替える。脱衣カゴには服から持ちものから腕時計にいたるまで入れて主催スタッフにあずける。

カゴは、事務室の奥に並べて保管される。こんなフーゾクの場で、自分の持ちものいっさいを渡して大丈夫なのだろうか。こう思うムキも少なくないはずだ。

例外もあるけれど、たいていはこれがけっこうノープロブレムなのだ。彼らは当局の眼をかいくぐって内緒のフーゾク業を営業しているのだ。ここで盗難などの不祥事が起これば、当然、話は当局にまでもっていかれるだろう。となれば店を閉めねばならなくなる。せっかく広告費や宣伝代をかけてまでやっている店をである。

だから彼らはトラブルが起こることを極力恐れるし避けようとする。それでみずからの安全性を保とうとする。ヤバいビジネスならばこそよけいにその周辺ではヤバいことを起こさないように気をつける。

考えてみれば当たり前のことなのかもしれない。

シャワーを浴びて、服を着替えたら、パーティルームに入ってみる。ここも以前の観賞会の頃に較べたら、かなりフーゾクビジネス風に整えられている。どこの店でも食べもの飲みものが、しっかり並べられている。スナック類もあれば簡単な手料理もある。店によっては、まかないのオバさんをおいているところもあるほどだ。

部屋の隅には定番のビデオモニターというか、ごく当たり前のテレビが置いてあって、画面では、常時、裏ビデオが再生されている。しかし、これだけは以前のほうがいいように思うのだが。ビデオの画質は、不鮮明であまりよくない。最近はダビングにダビングを重ねたような孫ビデオが多い。

ごく自然にパーティの輪のなかに加わってビデオを観たり食べたり飲んだりしているう

ちに、女の子のメンバーとも世間話をするぐらいまでに、なんとなく場の雰囲気にも打ち解けてくる。

素人の子がほとんどいないことの善し悪し

ところでいまどきのパーティの女の子には、素人の子はほとんどいない。たいていが毎日、定時には出勤してくる本職の子ばかりである。これが以前の観賞会と、もっとも変わってしまった点かもしれない。

しかし、だからといってけっしてつまらなくなったとはいえない。いや、逆に話がハナっからついているぶん、面倒な手順を踏まないですむだけ合理的である。相手の子を決めたら彼女を誘って隣室のプレイルームへ行けばよいのだ。

プレイルームとなっている部屋は、だいたいが六畳から八畳ぐらいの広さのワンルーム。ここをレースの薄いカーテンで四つから五つの狭いスペースに分けている。

床には薄っぺらな布団が敷かれていて、枕元にはフーゾクの定番ティッシュの箱が。室内は、かなり照明を暗くしているが、その暗さに目が慣れてくると、隣の布団でゴソゴソモゾモゾと蠢《うごめ》くカップルの様子が、手に取るように見えてくる。

さらに、そのカップルの切迫した呼吸音や悩まし気なよがり声や衣擦れの音が、ないまぜになって聞こえてくる。

目から耳から、そのうえ、ついさっきまで見ていた裏ビデオの強烈な残像が、そのまま刺激となって性感曲線をあらぬ勢いで押しあげていくのだ。こうなりゃ手もなくイッてしまうのが男性のお客。なんとも他愛ない。

一回戦が終わったらパーティルームに戻って二回戦のときがくるまで、しばしの休憩を楽しむ。どういうわけか観賞会でもパーティでも、この遊びは女の子を替えて二回するのが暗黙の決まり事項なのだ。たっぷり二時間をかけて、リラックスしながら一回戦、二回戦をこなす。これが、いまどきの大人のパーティの平均的なパターンといえるだろう。

ビデオ観賞会と呼ばれていた一〇年ほど前には、大人のパーティの料金は、二時間で三万円というのが相場であった。それが九〇年代の中頃になると二時間二万五〇〇〇円の店が出現し、さらに九七、九八年あたりには二万円とか二万二〇〇〇円という安い料金設定の店が登場してきた。しかし、一方では相変わらず三万円の店もあるが、最近では、やはり二万円台が主流のようである。

女の子の一発の原価は五〇〇〇円

正直いって、いまの大人のパーティの勢いは、数あるフーゾクのなかでは、いまいちの感がする。これはなににも、バブルが弾けて利用者が減少したためとばかりはいえないのだ。フーゾクのお仕事としての新鮮さが、かなり色褪せてしまったことにもよる。たとえば女の子が本職化して、いつ行っても同じ顔ぶれで、年齢のいった子が多くなっている点。ビデオも、いまさら裏ビデオを外にまで見に行くまでもなく簡単に入手できるようになった点。そして何よりも大いなるマンネリの波に呑み込まれてしまっている。

しかし、大人のパーティのすばらしさは、それこそ以前そこを訪れて大感動をした人の例を引くまでもなく強烈なわけで、いつか近い日、何らかのカンフル剤を注射することによって新たな勢いを得て強力に再浮上すること必定である。

ところで大人のパーティの経済学は、まずその収入の配分法がおもしろい。パーティ会場である広いマンションの部屋の一隅に事務室がある。あの脱衣カゴなどが置かれている場所だ。そこにあるデスクの上には大きめのノートが、たいてい一冊乗っている。これがパーティ業者にとってはもっとも大切なタイムテーブルなのである。一番左サイドには正午から午後一〇時まで時間を一行一時間の単位で刻んだタイムテーブルが書かれている。

そして表の上には、左から右に向かっていくつかの枡目によって分けられて、在籍の女の子の名前が書き込まれている。その名前を下のほうにたどっていって、今度は横のタイムテーブルのほうから目を移していくと、ちょうど、その交わったところに客の名前が入っている。

たとえば、ナオミちゃんと書かれた下を見ていって、目を左横の二時と三時とある二本の線に移して、それを元の箇所に戻してみると、そこに山田とあったとする。これはナオミちゃんという女の子が山田さんという客と二時から三時の間にエッチをしたことを意味している。

客の名前は、この表の二カ所に必ず載っている。ということは彼は、きっちり二回セックスをして帰ったということだ。で、仕事が終わる三〇分ぐらい前になると、この表を頼りに女の子たちが、それぞれ今日一日に何回のお仕事をしたかの数をはじき出す。

とりあえず今日は、二〇人の客がきたとする（最近は二〇人も客がくる業者は少ないらしいのだが）。まず売上げは、一人二万五〇〇〇円として計算すると五〇万円。女の子には、店によって若干の差はあるけれど、たいてい一発代が四〇〇〇円から五〇〇〇円といったところか。

客が二〇人きたとしたら女の子には文句なく単価五〇〇〇円として一〇万円。これが彼女たちのギャラの総計となる。後は一人が何回したか表を見ながら分配をしていく。稼ぐ子になると一日に一〇本近く客を取ることで五万円近くにもなるが、たいていの場合だと五、六人だから二万五〇〇〇円から三万円の間だろうか。

薄利多売のフーゾクビジネス

店側に落ちる残り四〇万円のうちから必要経費として計上されるのが、部屋代、光熱費、飲みもの代とスナックなどの食料代。そして人件費が、電話番を兼ねた男性責任者と、まかないを兼ねた雑用係のオバちゃん。つまり二人分が必要である。

それ以外に、たいていその筋の関係者にミカジメ料として月に一〇万円のところもあれば二〇万円のところもある。さらに積極的に集客をする店では、ことあるごとに雑誌新聞に広告をうつ。これは、店によって千差万別で一概にどのくらいとはいえない。

しかし、これら支出をすべて締めて、日に一〇万～一五万円がとこ出ていくだろう。差し引きオーナーの手元に二〇万～二五万円残れば、これは大儲けの部類に入る。

まず普通は、客がともすると五人以下などということもある。そして店によると、ともかくよく休むギャルたちに、出勤すれば客の有無にかかわらず一回いくらで保証する。店によれば一万円も二万円も、いい子にきてもらいたくて保証を払うところもある。

ビデオテープも毎月一〇本ぐらいは購入する必要がある。ただ、これは画質や入手経路などで料金はピンキリだ。安くて助かるのは、せいぜいティッシュペーパーぐらい。スーパーの特売のときに、まとめ買いをしておく。

こうなると、やはり日に均《なら》して純利で五万円ある店もあれば、一、二万円という店も出てくる。これではリスクに合わない商売になってしまう。しかし、日に一〇人強も客が入れば、それで十分に採算は取れるわけで、二〇人も入れば万々歳なのだ。

なにせ女の子の客一人に対する単価がことのほか安いのである。そこで女の子たちは、数でこなすことによって自分の収入を上げようとする。その結果が店に高収益をもたらすことになる。どちらかというと薄利多売のおいしいフーゾクビジネスなのだ。流行りさえすればのことだが。

デートクラブ

闇の彼方でひっそりと運営される裏フーゾク

デートクラブという裏フーゾクは、大きく分ければ二つの流れになる。ひとつは日本人の女の子がお相手をしてくれるクラブ、もうひとつは外人ギャルが姫君の場合だ。

最近は、日本人がいるクラブはかなり数を減らして、じつにひっそりと夜の闇の彼方に姿を隠している。おそらく都内でも数軒を数えるくらいだろう。それも五軒はないはずだ。

一方、外人系は、新宿・歌舞伎町や六本木それに赤坂あたりを拠点に、数を増やすことはないものの、常連客に支えられて堅実な営業を展開している。

このデートクラブとは、いわゆるホテトルと同義語のＤＣ（デートクラブの略）とはまったくの別物である。こちらはふつうのクラブと同じ形式の店を構え、店内でのサービスも、一般のそれとまったく同じである。

たとえば、客として店内に入れば、すぐに黒服なりママがやってきて、適当なボックス席へと案内され、座ればサッとオシボリが出され、すぐに目の前と隣には若い女の子がやってきて気を使ってくれる。

ビールを頼めば、よく冷えたものが銀盆に載せられて、ボーイがうやうやしくもってきてくれるし、ウイスキーを頼めば、ハウスボトルがすかさず出てきて、女の子がロックでも水割りでも作ってくれる。

まったく、当たり前のクラブである。

ただし、注意深く観察してみると、黒服とボーイが同じ人物であったりする。つまり、男性スタッフが少ないのが特徴か。

こんな、ありきたりの店が新宿の歌舞伎町なら風林会館の周辺に、六本木なら交差点から半径五〇〇メートル圏内に、赤坂なら山王通りと一ツ木通りが交わる付近一体に、ひっそりと存在する。

デートクラブへの確実なアプローチは、その周辺を徘徊しては夜な夜な客を引っ張っているポン引きに渡りをつけることである。

日本人でも外人の店でも、このアプローチ法がもっとも手っ取り早いだろう。ただし、ポン引きという存在は両刃の剣である。うまくハマれば、これほど便利な裏フーゾク情報屋は他にいないが、逆目に出ると、ガセネタをつかませて被害を平気で与える困った存在にもなる。

いずれにせよ、デートクラブへの入口はポン引きが握っているといっても過言ではない。それくらいディープな裏フーゾクだということだ。ポン引き以外の手立てとしては、いわゆるクチコミが考えられるくらいだ。

かといって、まったくの闇の彼方かというと、じつはそうでもない。なぜなら、店は、盛り場でクラブとして機能しているのだから。

ただ、常連客のなかにも、そこがデートクラブとは知らずに、なんだか女の子の出入りが多いクラブだなという程度の認識で飲んでいる人もいる。そのくらい意外性があるフーゾクといえるかもしれない。

さて、このデートクラブの特徴としておもしろいのは、店ごとでそれぞれ人種が違う点だろう。

つまり日本人ギャルのいる店は日本の子だけである。タイ人のいる店はオールタイ。そのほかインドネシア、フィリピン、中国などの〝専門店〟がある。また中南米系はコロンビア、メキシコ、パナマなどの連合軍になっているところもある。さらに最近増えているのがロシア、ウクライナ、ルーマニアといった旧社会主義圏連合だ。

しかし、なんといっても希少価値というか存在価値があるのは英語やフランス語を話す白人ギャルたちで、外人デートクラブのなかでは最高ランクに位置している。

このなかにはアメリカ人、オーストラリア人、イギリス人、ユダヤ人といった出稼ぎ組や留学組が多くいる。

現在、六本木、赤坂での目玉商品は、この白人系デートクラブである。一方、新宿は東南アジア、なかでもタイ系デートクラブが中心である。

計一〇万円でも繁盛している赤坂のクラブの秘密

以前、渋谷にある億ションの一室（4LDKの、それもやたらに広い間取りのマンション）を使った白人系フーゾク店があった。業界のジャンルでいうとマントル（マンショントルコの略。マンションでトルコ＝ソープのサービスを受けられる店）に当たる。

事務所とプレイルームを兼ねた広々としたスペースに白人ギャルがごろごろしていて、そのなかから気に入った子を選ぶ。そして個室に入り、思う存分楽しめるという。これがバカ当たりした。

そのオーナーママが、最高に流行っているときにさっさと店を閉めて、数年前から赤坂に進出して外人クラブを始めた。

クラブとはいっても、こちらは一〇畳あるかないかの狭い店で、女の子は英語の話せる子ばかり五、六人を使っている。

この店こそ、よほどの客でないかぎり、裏の商売を知っている人間はいない。いってみれば会員制の秘密クラブ的な存在なのだ。

しかし、どこから聞きつけてくるのか、ときにはプロ野球で活躍する外国人選手が仲間と連れだってやってきては女を紹介しろなどとママと直談判をしている光景を見かけたりする。

マントル時代は二時間八万円でやっていたが、その後、客が増えたところで一挙に二万円値上げして金一〇万円也の超高級マントルに格上げした。じつに商売上手なママである。

ただし、ここではプレイルームを完備しているので、それ以上の金はかからない。客も納得していた。

赤坂のクラブに移ってからは、飲み代がひとり二万円ほど。飲むだけで帰ってもいいが、お気に入りの子がいればママにいって、その子を外に連れ出してもよい。連れ出し料は二時間で八万円。このママさん、客を徐々に増やしながら、少しずつ料金をスライドアップしていく。この不景気の時代でも余裕のある経営をしているのには感心させられる。

ママの取り分五万円は多いのか少ないのか

ところが、なかにはママの上をいく女の子がいるのだからおもしろい。あるとき、このクラブで遊んだ客に向かって、コトが終わっての帰り際に彼女がいう。

「ウチのママとってもケチです。間に入ってたくさんお金を取っています。アナタがもし、これから私と遊ぶときは直接電話をください。これが私の名刺です。それに、もし友だちで遊びたい人がいたら紹介してくださいね。お願いよ」

そのとき、彼女が提示した金額は二時間で三万円だという。これならホテル代を入れても四万円以下で楽しめる。

そこで彼は二度目に遊ぼうとしたときにダイレクトにその女の子に電話をして、まんまと四万円コースで楽しむことに成功した。

ところがである。

三回目のお楽しみをしようと電話を入れてみると、彼女が「すみません。私と遊ぶならばママを通してくださいね。でないといろいろ危険なことがありますしお願いします」と風向きがまったく違っている。

どうやら、女の子の秘密のアルバイトに気づいたママがきつくネジを巻き上げたようである。

なんといってもアンダーグラウンドな世界で、それも外人の子が働くなんて、よほどのケアがなければできないこと。そのあたりのことを材料にママが女の子にお灸でもすえたということか。やはり、これだけの仕事を仕切るだけにママのほうが一枚上だったというわけだ。

このママさん、敗戦直前の沖縄で生まれて、米軍占領下の基地の町で育ち、一〇代の頃から米兵相手のAサインバーでホステスをしていたという。ちょうどベトナム戦争が激しい盛りである。命知らずのベトナム帰休兵の荒くれ男たちを相手に身体を張って生き抜いてきた猛者なのだ。

持ち前のクソ度胸と仕事で覚えたパングリッシュ（パンパンが使っていたブロークンな英語）で、いまどきの外人娘など手もなくひねっているのだろう。

それにしても、客から八万円を取り、女の子には三万円払う……。ママの取り分五万円は多いのか少ないのかは判断の分かれるところだが、これを痛快と思う筆者は、やはり日本人ということなのだろうか。

女の子の取り分が少ないこんな理由

一方、新宿の歌舞伎町は区役所通りを上がっていって風林会館の交差点あたり。ここに立つポン引きは多い。なかのひとりがスーッと近寄ってきて「オニイさん、タイの女の子いるよ。とてもかわいい子ですよ、本当に。もうバッチリ保証しちゃう」。

これがご当地ではオーソドックスなポン引きのアプローチ法である。

ここでもし「いや、タイはいいよ。中国の子いる?」と水を向けると、なにやら胸ポケットをゴソゴソやっていたかと思うと、やおらチラシを出してきて「ハイッ、こんなかわいい子の店あります」。

　このあたりのポン引き氏は数店、なかには一〇店以上のクラブと話をつけているのか、客のリクエストによってつぎつぎとそれに該当する店のデータを出してくる。まさにプロの手並みである。

　商談が成立すれば、付近の雑居ビルのなかにある外人デートクラブへと連れていく。こちらも店内はあまり広くはない。せいぜいボックス席が五、六席といったところ。

　席につくとママかチーママとおぼしき女性がやってきて、まずは飲みものの種類を聞いて、つぎに女の子は、いま店内にいる子では誰がいいかを聞いてくる。

「でも、いま外に出ている子も何人かいますから、ゆっくり選んでくださいね。とりあえず、お隣には誰を呼んだらいいでしょうか」

　もし、一時間も飲んでいて、あまり気に入るような子もいなければ、八〇〇〇円から一万円の飲み代を払って退出することもできる。

　飲んで女の子と話をして、カラオケで歌い、顔なじみになるとなぜかツマミに沢庵を丼一杯出してくれたりして、これはこれでけっこう楽しいものである。

　女の子は、自分を指名してもらいたいものだから、なかには膝にまたがってきたり、首に抱きついてキスをしたりする積極的な子もいる。

しかし、だいたいがこんな体当たり的アプローチをする子は、容貌からいうと問題ありの子が多いもので、ソファで手持ちぶさたに座っている女の子に、思わず食指が動くような子がいるようだ。

新宿のタイ系のデートクラブの遊びの料金は、〝ショート〟という二時間ほどのデートで二万円。ひと晩の泊まりで四万円が相場である。それに加えてホテル代が五〇〇〇円ほど必要になるのはいうまでもないだろう。

このように、遊びのパターンは二通りあるが、ほとんどのクラブは夜の一〇時頃まではショートの客しか取らない。

早い時間帯には、回転よく数多くの客をまわしていったほうが効率がよいからである。早いうちはショートで稼いで、深夜は泊まりでまとめる……。これがデートクラブの商法である。

こんなシステムのクラブで女の子はいくらくらいの取り分があるのだろうか。

店によって若干の違いはあるけれど、二万円の料金のうち七〇〇〇円から九〇〇〇円くらいが彼女たちの手に落ちるようだ。泊まりの四万円では、二万円を切るくらいが取り分だろうか。

どの地区でも、ふつうのフーゾク業よりは女の子に入る金額の割合が少ない。いってみれば、アンダーグラウンドな外人系デートクラブというリスキーなお仕事だけに、事務所サイドに危険手当てを含めていくぶん多くのお金が流れるようである。

❸

新《ニュー》フーゾクの経済学

ヘルス

ヘルスはいかに生まれ、どう発展したか

「盛り場で軽く一発ヌキたいときにはヘルスに行く」という男性は多い。いまやヘルスは表フーゾクの雄として、ソープランドと人気を二分するまでにいたった。

ヘルスが登場して二〇年たらずのものなのにここまでの人気フーゾク産業になったのは、やはり何といってもその手軽さゆえであろう。〝軽く一発ヌケる〟のがヘルス最大の特徴といえる。

ヘルスは別名ファッションヘルスともファッションマッサージともいう。さらに関西ではファッションマッサーとも九州では男性クリニックとも呼ぶようである。

そもそもヘルスの登場は、八〇年の初め頃からあった個室マッサージを出発点とする。

ただしヘルスのサービス内容からいくと、ソープランドの基本型で〝駅前ソープ〟というのが以前からあったが、それの影響もかなり色濃く受けているようだ。

ともかく個室マッサージは〝ヌク〟ことに重点をおいたフーゾクビジネスであった。八〇年頃に九州の小倉あたりが発祥の地という意見と大阪が震源地だという意見など、その起源については諸説フンプンなのだ。なんだか邪馬台国論争風でおもしろそうだが、ここではあまり関係がないので以下省略。

いずれにせよヌクことで始まった個室マッサージが、ちょうどその頃登場してアッという間にフーゾク界の超花形産業になったノーパン喫茶とジョイントした。一杯二〇〇〇円ほどの高いコーヒー代を払って店内を歩きまわるノーパン姿のウエイトレスの股間をのぞき込む。とはいっても彼女たちは、ちゃんとパンストをはいて、その上にエプロンを着けていたのだ。

しかし、この商売ネーミングがよかったのか、爆発的に話題になったのである。それと個室マッサージが合わさって誕生したのが個室付きノーパン喫茶。これは新宿から始まって池袋や渋谷にもつぎつぎと出現した。

「見る」のと「ヌク」のとがジョイントしておなかつ、その料金が一万円もしなかった。

代金七〇〇〇円であったり九〇〇〇円であったり。これぞ、それまでのソープランドやピンクサロンといったレトロフーゾクとは異なり、いわゆるニューフーゾクといえる新しい形のお仕事の形態である。

しかし、この新しいフーゾクの波は、たちどころに警察のチェックするところとなり、一九八五年の二月に新風俗営業法が施行されて、業界は、個室ヘルスかノーパン喫茶かのどちらかを選ばざるを得なくなった。

その後ノーパン喫茶は、いつの間にか消えてしまい、ヘルスのほうは繁栄の一途をたどるようになった。

フーゾクの世界に素人ギャルを引き寄せたノーパン喫茶

ところで、このノーパン喫茶がもたらした最大の功績は、フーゾクの世界に〝見せるだけでいいのなら〟ということでOLや女子大生など素人ギャルを引きつけたことである。八〇年代に入った頃から、吉原のソープランドで起きた素人女性歓迎ブームと相まって玄人と素人のボーダーが失くなることに拍車をかけた。若くて可愛いピチギャルがヘルスにソープに……。そう、フーゾクに流れ込み出したのである。

ヘルスは、たいてい週に一、二日の休みがある仕事だが、昼間はOLや学生をやっていて週の三日だけ出勤をする、などというバイト感覚の子が急増した。

ものの本によるとヘルスとは、女性マッサージ師が個室で男性客にマッサージその他のサービスをするセックス産業のひとつ、とある。それなりにテクニックの習熟を本来なら要求されるお仕事なのだ。

それに、店によると、無断欠勤をしたら一万円の罰金を取る。さらに遅刻も三〇分単位で罰金がかけられ、無断欠勤も三日続ければ即クビなんて厳しくルールを課しているところもある。

しかし、それにしても、そんな厳しさよりも〝お手軽さ〟のほうが先行するのだろう。仕事に対しての自覚なんてほとんどもつこともなく遊ぶ金ほしさに集まってきたギャルが、この頃とくに目につく。

そこで女の子たちのギャラを見ると、その子がどのクラスで仕事をしているかが一目瞭然なのだ。ちょっと意地の悪い見方ではあるが、フーゾクビジネスを裏から、つまり金銭で見ると本当によくわかるのである。

平均的ギャルで月一五〇万円

その前にヘルスの女の子とピンサロギャルがどう所得を手にするのかについて比較しておこう。同じフーゾク業といっても、まったく違うのである。

ヘルスの女の子の場合は、ほとんどが客一人当たりに対していくらという割合でもらう歩合制が一般的。一方のピンサロは月給とはいっても日給月給ではあるけれど、プラス指名料のあわさった給料システムを取っている。

こうなるとヘルスのほうが客さえつけば稼ぎは上になるだろう。しかし安定度ではピンサロとなる。まして西も東もわからない新人さんならよけいにピンサロのほうが有利である。

それでフーゾクの世界ではピンサロからヘルスへ、さらに別のヘルス店へという女の子の流れは認められても、ヘルスからピンサロへという図式はあまりない。

ちなみにヘルスで求人を出してみるとよくわかるのだが、応募者のうちヘルス経験者八人に、まったくの新人は二人ぐらい。その二人も、うっかりすると以前ピンサロにいましたという子が多いようだ。

ただし、これは最近の話である。以前はヘルスにおびただしい数の素人ギャルが入っていた時代もあった。

そこでヘルスギャルの収入調査である。横浜の某ヘルスに勤めるH嬢。年齢はまだ一八歳なのだが、半年ほど前にそば屋から転職してきたという。彼女はいう。

「一ケタ収入がアップしました。そば屋のときは給料が一七万円だった。それがいまでは一五〇万円前後にはなります」

参考までに彼女がフーゾクに走ったきっかけは、学資をためて学生になろうと思いたったこと。H嬢の月収一五〇万円は平均より少し上といったところか。

さらにその上になると毎月四〇〇本近くの客をこなす凄腕ギャルもいる。同じく横浜のヘルスにいるK嬢は、そのナイスなバディのヌードを雑誌にもよく載せている美形フーゾクギャル。彼女の場合だと平均して月の手取りがチップも加えると三〇〇万円近くになるという。なんと京女のK嬢は自宅として横浜の大倉山と京都の北山の二カ所にそれぞれ超豪華な億ションをもっている。蛇足ながら、彼女、このマンションを所有しているのか賃貸しているのか、はたしてどちらなのだろう。

個人で開店するのは困難な時代

しかし、これほどの稼ぎをすべてのヘルス嬢ができるわけではない。「尺八・シックスナイン・口内発射」というヘルスの三原則を忠実に守りながら、料金一万円、時間三〇分、それで一発ヌキという一般的な店での仕事を平均してみると——。

一日で一五人から二〇人ぐらいの客を相手にして、約一五万から二〇万の売り上げ。一人一万円を折半にして五〇〇〇円だから一日一五人として計算すれば七万五〇〇〇円也。月に二〇日も二五日も出勤はしないだろう。一日おきに出てきたとして月の手取りが一〇〇万円前後となる。

本番なしで手と口だけで客をイカすのだから、なかには右手が腱鞘炎になったり、口のなかにカンジタが住みついてしまったりすることもある。そうなると医療費もかかることになる。ソープランドには客を何人こなしても大丈夫という〝テツマン〟のお姐さんがいるけれど、ヘルスには〝テツテ〟とか〝テツクチ〟の女の子がいるのだろうか。

ここで整理してみると、ヘルスの女の子の収入は、トップクラスが三〇〇万円前後、上のクラスで二〇〇万、平均クラスが一〇〇万～一五〇万円あたり。そして、あまり指名をしてくれる常連客をもたない子や新人さんが、だいたい六〇万円というところだろう。

ヘルスをいまさら始めるのは、かなり困難なことである。おそらく盛り場の一等地を借りて五部屋クラスの店をオープンさせるには億近い資本が必要になる。

なかには規模の小さい、どことなく裏ぶれた汚い感じのヘルスが、ときどき賃貸物件として出ることがあるが、それでも一〇〇〇万、二〇〇〇万はする。もちろん造作費も含んでの金額だが、どうやって採算を取るのか知りたいものである。

そんなこんなで現在は活況を呈しているヘルスというと、ほとんどがチェーン展開をしている大型店である。その連携プレイによって一軒当たりの採算よりも企業全体としての収支のバランスをはかりつつ収益をあげていく。

先日、横浜の某ヘルスのグループ店に行ったところ、店頭の道をさかんに掘って工事をやっていた。なんと水道工事だという。従来の水道管では細過ぎるので、その路地全体の水道管をより太くさせる工事なのだ。

この店の場合、客の入るときになると一日に三五〇人から四〇〇人がくる。それに合わせて待機させる女性も二〇人以上。彼女たちが控えている部屋はマジックミラーになっていて外から観察できるのだが、いつも個室は満室なのにウェイティングの子が一〇人あまりもいる。

これだけの規模の店になれば、やはり日の売上げは四〇〇万円前後にはなるわけで、つまり月商一億円を下らない数字をあげる巨大フーゾク産業といえる。

最後に蛇足をひとつ。ヘルスは本番なしが定番なのだが、なかには掟破りのアウトローもいる。一万円の料金を払って個室に案内されて、しばらく待つと女の子が上っ張りを着て出てきて「どうするお客さん？」と切り出す。イラッシャイでもないのだ。

「フロントで払った料金なら服脱がないし、手だけよ。お口でしてほしければプラス五〇〇〇円、本番は二万円ネ。そのうえ、生《なま》なら、もう一万円たしてネ」

こんな店でも盛り場にあるからか、もうかれこれ一〇年以上経営が成り立っている。

ヘルス激戦区名古屋で活躍するCという女

お金にまつわるヘルス関係の話で筆者にとって印象的なのは、名古屋のヘルス嬢の一件である。名古屋といえば日本一のヘルス王国。

いつの間に、ここまで増えたのかというほどに二〇〇〜三〇〇軒ものヘルスが市内はおろか周辺地区にまでひしめいている。

このわが国屈指のヘルス盛りあがりゾーンでは、おそらく三〇〇〇名以上の女の子がヘルス嬢として日夜お仕事に励んでいると思われる。そのなかでもトップテンに入ろうかというC嬢の話である。

さすがトップクラスのヘルス嬢とあって彼女はスラリとしたナイスバディ、さらにEカップを誇る巨大なバスト。C嬢を目の前にすると思わず気後れしてしまう男性も多い。それほどの女っぽさとセクシーさをもった彼女も、お店にも内緒にしているが、じつはすでに男の子が一人いる家庭の主婦でもあるのだ。

店では二三歳といって通るほどの丸ポチャのベビーフェイスだが、本当は二八歳。

筆者がC嬢と出会ったのは、一九九九年の春のこと。名古屋のフーゾクシーンの取材に行ったときに初めて会った。取材場所は、彼女のいる栄のお店。それも、いくつかある個室のなかでもいちばん奥にある薄暗い一室でだった。

通り一遍の取材があって、C嬢のセミヌードの写真を撮って筆者の仕事は完了した。すると、それを待っていたかのように彼女はいった。

「あのぉ先生（フーゾクでは記者を先生と呼ぶ）、今日は、もう東京にお帰りなんですか」

「いや、まだ数軒は取材してまわるから名古屋泊りです」

「そうですか。これ無理なお願いかもしれませんが、私ちょうど今晩はオフにしてもらっているんです。もし、よろしければ夜もう一度、会ってくれませんか」

「エッ？　よろしいも、よろしくないもないですよ。私、会えます。時間十分あります」

思いもかけない美人の申し出に二つ返事でOKを出し、デート（？）の場所を決めて、その夜にC嬢と会うことになった。

はやる心を押さえつつC嬢と格別に魚がうまいという小料理屋に入って、個室のテーブルに向かい合って座った。

まずは日本酒を差しつ差されつしながら、C嬢が語ったことは——。

家庭の主婦である彼女、ダンナは小さな会社のサラリーマン。この不景気が続くなかで彼一人の収入だけでは家計の切り盛りをするのもやっと。念願のマイハウスなど夢のまた夢だという。

そこで彼女がダンナに提案したのが「私も高級クラブで働く」ということ。その昔、キャバクラが流行した頃に、少しばかり働いたことがあるC嬢、接客業のなかでも高級クラブならということでアルバイトを申し出たのである。

気のいいダンナは、ちょっと思案したが、家計のためならばとOK。そこで彼女はつぎの日から職探しを始めたのだが、どういうわけか思うようなクラブが見つからない。そこで友だちに相談したところ、なんとヘルスを紹介してくれた。C嬢は、一瞬とまどったものの友だちの親切を無碍《むげ》にもできず、〃クラブの仕事が見つかるまでは〃という気持ちでヘルスに入店した。

売れっ子ギャルの誰にも言えない秘密とは

ところが世の中わからないもので、仕事の手順を教わって店に出るや、彼女に客はつきっぱなし。そのルックスもバディもたしかに抜群だが、それ以上に彼女のやさしさ、そして接客態度が受けたのだろう。

昼一二時から夜一二時まで、子供を保育園にあずけてのヘルスでのお仕事。一度きて彼女のファンになったリピーターもいれば一見《いちげん》の客もいる。彼女のスケジュールは予約、予約で休憩もとれないありさま。

その間に店側は店の宣伝にと彼女のインタビューを雑誌に載せるべく、取材をお願いする。それやこれやでC嬢の人気はウナギ登りで月収が三〇〇万円ほどになるという。

ここからが問題だ。高級クラブでお仕事をしたって、どう逆立ちしても三〇〇万円の高収入は得られない。そこでC嬢は一〇〇万円だけは家にもって帰る。それでも大した金額である。

残りの二〇〇万円は、毎月こっそりと人知れず銀行預金に入れているのだが、それがズンズン増えていく。一年間で二四〇〇万円、二年で四八〇〇万円、三年で七二〇〇万円にまでなってしまった。

これは周囲に内緒の金である。夫にはもちろんのこと両親にだって兄弟にだって通帳を見せられない。まして友だちや知り合いには絶対に話せない。

こっそりやっている秘密のアルバイトがバレてしまうからだ。でも、こんなに毎月一所懸命に貯めているのに、誰かに見てもらいたい。そしてたまには「偉いね。よく頑張ってるね」と褒められてみたい。C嬢がこう思うのも無理はない。

そこで東京からはるばる取材にやってきた記者に、白羽の矢がたったのだ。第三者だし、私が実際どこに住んでいるか知らないし。ともかく、このままの形で会ってもらえないかな。C嬢は筆者に提案した。

「先生、これから二カ月に一度ぐらい名古屋にきてくれませんか。交通費プラスアルファをお渡ししますから。そのつど、私の秘密の貯金通帳を見てほしいの」

筆者に異存はない。以来、二カ月に一度の割で名古屋通いが続いている。つい最近、会ったときには、額面は一億を超えていた。毎月の二〇〇万円貯金プラスお客さんからのチップ貯金も合わせてのことだ。

でも筆者は、いつも通帳を見せられての帰り新幹線のなかで思うのだが、この一億を超す大金を彼女は、どうやって使うのだろうか。いや、その前にこの大金の存在をダンナにどうやって説明するのだろうか。

彼女が連日連夜チンポをくわえてためた大金である。打ち明けられたときにダンナがどんな顔をして、どんな思いをもつのか。どうしても結末を見極めたい話である。以前筆者はこの話を「死に金」とタイトルをつけてモノの本に発表したことがある。

過ぎたるは及ばざるが如し——。

性感

男の第二の性感を刺激する新鮮なプレイ

性感マッサージと呼び、性感ヘルスともいっていたフーゾクを最近は「性感」の一語で表現するようだ。この他に性感エステという言い方もあるが。

これらの名称、いずれも〝性感〟がついていることでわかるように、フーゾクの職業としては大同小異、それほどの違いがあるわけではない。

性感マッサージと性感ヘルスが、それぞれエポックメイキングな存在なので取りあえずその周辺の流れからみていこう。

〝脱がない舐めない触らせない〟。こんなキャッチフレーズがフーゾクの世界にあるのか、と思うようなユニークな登場の仕方をして、一九八〇年代の末頃にフーゾクファンの間で注目されたのが性感マッサージでなる。

女の子は白衣を着たままで、オイルとかローションを使って全身をマッサージした後で、アナルに指を入れて前立腺を刺激しながらシコシコサービスをする。

これが発足(?)当時の性感マッサージだが、女の子が白衣を着てマッサージなどというと、その昔のパンマを思い出してしまう。昭和三十年代に大流行したレトロなフーゾクが、平成の時代になって若干姿を変えて再登場か、などと古いフーゾクファンは思っただろう。

余談だが、フーゾクとマッサージは、よく結びつくものなのだ。ソープにしても、その始まりはトルコ式マッサージがスチームバスと一緒になって、さらにお風呂とくっついて、いうところの〝トルコ風呂〟となり、時代が下ってソープランドになったのである。

それはさておき、この性感マッサージの特徴は、マッサージと前立腺を含むアナル中心のサービスにある。その当時とすれば、とはいってもわずか一〇年ほどの以前のことに過ぎないのだが、男の第二の性感帯といわれるアナル中心のプレイはじつに新鮮かつ強烈であった。

あったと過去形で書いたが、現在でも一部のマニアやマゾっ気のある通称M男クンたちの間では、性感マッサージは、なお根強い支持を得ている。けっして過去のフーゾクではないのだ。

性感マッサージから性感ヘルスへ

しかしながら、八〇年代の終わりに登場して以来、順調にフーゾクの世界で地歩を固めてきた正統派性感マッサージの勢いが、九三年頃に出現する性感ヘルスによってスポイルされるようになった。

九三年頃になると〝脱がない〟性感のお姐ちゃんたちが一気に脱ぎ出したのである。それどころか〝舐めない〟もやめてフェラチオも進んでやるようになる。フェラにしたって初めのうちはゴムフェラだったものが生フェラに。そして〝触らせない〟は相互タッチOKになって女の子のボディは触り放題へと変化した。

大変化である。いったいどこからきた変化なのだろうか。おしり中心の性感のサービスにフェラチオや相互タッチといった、これまでファッションヘルスがもっぱらとしてきたサービス法が、新たに導入されるようになる。震源地はヘルスなのである。

加えられたヘルス的要素は、単にサービスの方法だけでなく営業形態にまでも取り入れられた。性感マッサージから性感ヘルスへの移行である。

別の見方をすれば九〇年代に入ってから安定成長というか成熟期を迎えて伸び悩みのイメージのあったヘルス業界が、新たな打開策を求めたら性感マッサージにその余地があったということだろう。

相互タッチやフェラチオから始まった性感ヘルスのサービス内容度のアップ傾向は、しだいに過激さを増していく。ゴムフェラが生フェラになるのはまだ序の口、擬似本番行為ともいえる素股プレイも当たり前になり、それまではアナルに指を入れていたものが、アナルを舐めまくるアナル舐めなどという荒ワザも出てきた。

このアナルプレイはさらに深化して、いまではアナルファックまでもが遊びのメニューに加わった。

こうなるともう転がせ転がせビール樽で、とどまるところを知らない過熱ぶり。本番以外なら何でもありという超過激なフーゾクへ。いまや性感ヘルスは非本番系フーゾクの代表格にまでなった。そう、〝ヘルスより過激なサービス〟が性感ヘルスのキャッチフレーズなのである。

いまでは、店の作りはヘルスとほぼ同じ。いくつかの個室があってシャワールームがある。ただ各部屋にシャワーがついている店はあまりない。これも性感ヘルスの特徴かもしれない。「お客さんシャワーに通りまぁす」などという女の子の声が店全体に響くのを耳にした人も少なくないだろう。

この性感ヘルスは、店名に努力の跡が認められる。ともかくユニークでおもしろい名前の店が多い。新宿、池袋などの盛り場を歩きながら性感ヘルスの看板を見て、店名を見るだけでもじつにおかしい。よくも、こんな名前を考えつくものと思わずニタリ。これも性感ヘルスの特徴のひとつといっていいだろう。

ヘルス並みのサービスにつけ加え前立腺マッサージ、アナル舐め、さらにマットプレイといったところが、現在の標準的な性感ヘルスのサービス内容。それでフィニッシュは、フェラチオか素股でドピュッ。顔射ＯＫの店もある。

これで料金は一万円から二万円の間である。この値段の開きはプレイの内容とか、アナルファックなどオプションプレイの有無によるもの。これを女の子と店側で折半にするのが通例である。

一日五人の客がついて、平均すると四万～五万円が女の子の手取りとなる。だか週末などの客がたて混む日には一〇万円近くになることもある。

支払い法は、たいていが日払い。月に二〇日も出勤すれば一〇〇万円ほどの収入が見込まれる。

開店資金は三〇〇〇万円が必要

さて、このような性感の店を立ち上げるには、どのくらいの予算が必要なのだろう。五つの個室をもつ二〇~三〇坪の広さの店を例にとって概算してみると、どう考えても三〇〇〇万円の資金が必要になる。

五〇万円前後の家賃はかかるから、それに敷金礼金などの不動産経費をすべて含めると三〇〇万円。居抜きでない限りは、内装を性感の店に変えるのに工事代が全部合わせて八〇〇万円は必要だ。この工事費が考えている以上に予算の大きな部分を占めてしまう。じつに全予算の四割近くにまでなるのだ。

ガス工事、電気工事、水道工事はもちろんのこと、電話工事を片づける一方で内装工事を進める。内装工事によって店内全部の構造が造作されるわけだから、経営者なり責任者は、できる限り立ち合ってチェックをする必要がある。

内装にはフロントのカウンターや待合室、各個室の仕切り壁、ベッドの受け台、ドア、床、カーテン、それにシャワールームの設置場所の部分防水処理など……。これら内装工事の坪単価は一五万円ほどを見込む必要がある。

その他で予算のなかで大切なのは、店の主人公である女の子を集める費用だ。募集広告費とスカウトを使う費用、締めて四〇〇万円ほど計上しよう。

スカウト代はAクラスの子なら五万円、つぎのクラスで三万円、枯木も山組となると二万円。あまり差がないところがおもしろい。なかには枯木も山組でスカウトした子が性格がいいとかサービスがいいとかで後に店のナンバーワンになることだってある。

宣伝広告予算は三〇〇万円くらいになるだろうか。看板も作るし名刺も頼む。さらに雑誌に記事を載せて広告もうつ。だから、かけようと思えば、際限なくかかる部分である。

備品の購入にはだいたい二〇〇万円ぐらいをみておこう。これはソープランドの項で細かく価格などを書いたので、ここでは省略する。

性感で用意するものとしては、消毒液、ボディシャンプー、イソジン。忘れてならないのがローション、それにタオルはバスタオルとフェイスタオルの二種類、加えてマットと枕が部屋数分。こう見るとソープの備品とまったく同じである。

スタッフの人件費は、月に一〇〇万円は計上しておく必要がある。それやこれやで計二五〇〇万円ぐらいは実行経費として右から左へと出ていってしまう。

開店前三カ月を、この予算と、あます五〇〇万円をうまく使いながらしのいでいく。オープン後は、売上げを横目でにらみつつの、やりくり算段だ。

ここまでの仕込みと、日常のたゆまざる努力によって、ようやく新規オープンの性感店は動き出すのだ。フーゾク店の経営というのも並大抵のものではないのだ。

一日三万円の保証料がある韓国エステ

性感から派生したフーゾクで、最近かなりの数の店が首都圏で増殖中なのが韓国エステである。これは韓国の女の子がサービスしてくれる韓国式マッサージという触れ込みで登場した。

料金が一万円前後という安さと、マッサージでスッキリして女の子のシコシコサービスでサッパリする気持ちよさが受けて大人気となった。韓国についでタイ式、中国式、ベトナム式、東洋式……。どういうわけかアジア系の名称を冠したエステが続出している。

と同時に、この外国エステ市場も過当競争時代に突入し、いまでは韓国エステといえども過激サービスをするようになっている。たとえば、〝オールバディ〟というのだそうだが、女の子が全裸になってマッサージをしてくれる。

その際に乳房を客の背中に押しつけたり、身体をからみつけてきたり。さらにフェラチオも全身リップサービスもするようになっている。つまり韓国エステも性感ヘルス化するような勢いなのだ。

この業種でおもしろいのは、わざわざ韓国から女の子を連れてくるということもあって彼女たちに保証を出す点だろう。店によって、女の子によって違いはあるが一日に三万〜三万五〇〇〇円程度は払うという。

韓国エステの料金は一万円が相場になっているが、このうちの七〇パーセント、つまり七〇〇〇円が女の子の取り分だという。

この業種を立ち上げるとしたら、家賃などの不動産経費に三〇〇〇万円から五〇〇〇万円が必要だろう。それに内装費用として三〇〇〇万円ほど。締めて一〇〇〇〇万円ほどが見込まれる。

一般的な性感に比べると格安にできるように見えるが、これはあくまで大衆的な造作に終始しているからで、こちらも予算をかけようと思えばいくらでもかかってしまう。

性感ヘルス、そして韓国エステは、手頃な盛り場のフーゾクの目玉商品として、今後も人気を博していくことが予想される。それに見合う形でサービスもより過激に、ピンク度もさらにアップさせていくのは必定だ。大いに注目していきたいお仕事である。

イメクラ

トップクラスだと月二八〇万円以上の収入に

イメクラとはイメージクラブの略。いってしまえば助平な客が、あらぬ妄想をかきたてて、女の子を相手にプレイを楽しむスポットだ。

イメクラとよく対で取り上げられるものに性感があるが、両者の違いはじつに明確。イメクラは男が働きかけるフーゾクで、性感は女性が働きかけるフーゾク。この違いである。

だからイメクラには、ストーリィプレイといって男性客が考え出したストーリィに合わせて遊ぶ、まるでドラマの進行のようなプレイがある。イメクラファンのなかには、このストーリィプレイにどっぷりハマってしまっている人も多い。

来店するたびに自作のシナリオをもってきて台本通りに女の子を相手にエッチなプレイ

を進めるのだ。シーン1で一日、シーン2でまた一日。かくて彼の頭のなかでは卑猥な助平ワールドがアダルトビデオのように進行していくのである。

こんなイメクラの世界は、他のフーゾク業とはかなり趣きを異にしている部分が多いようだ。そこでまず、ギャルの収入あたりからのぞいてみることにしよう。

イメクラギャルの収入はかなり多い。ソープ嬢にはとてもかなわないが、他業種よりは圧倒的に多いだろう。例として各業界のトップクラスを並べてみると、ソープのトップで月収四〇〇万円前後、ピンサロや性感やSMクラブがその半分ぐらいとしたら、イメクラのトップの子は二八〇〇万円以上になる。

イメクラは、他のフーゾクに比して客全体のなかで常連客やリピーターの占める率が高いという特徴がある。痴漢プレイとかリカちゃんプレイ、幼児プレイと、聞いただけでもその内容がわかるような、ちょっぴり恥ずかしいプレイがたくさんある。そんなことが好きだなんて、他人にはあまり知られたくない。

つまり相手の女の子とふたりっきりの秘密にしておきたい。本来は自分の頭の底にでもしまっておきたい性癖の反映をペロンと垣間見せてしまうフーゾクなのだ。となれば、いま一緒に遊んでる子とウマさえ合えばズーっとおつき合い願おうかな、となる。

常連、リピーターが多いということは、在籍のギャルの数は少なくてすむ。一方、ヘルスや性感のように一見《いちげん》客が多い業種では、薄利多売で女の子をたくさんそろえる必要がある。

そのうえにイメクラは、客単価が高いことも女の子の収入を多くしている原因のひとつだ。ここでは男性の支払う料金の四割が女の子の収入になる。

ひとつ簡単な計算をしてみよう。イメクラの標準的な料金は一万五〇〇〇円くらいだろうか。すると女の子の取り分は六〇〇〇円になる。平均すると一日で一〇人ほどの客を相手にすることができる。接客時間は、だいたいが四〇〜五〇分の間である。

これで彼女の収入は一日あたり六万円というのがわかるだろう。それに指名料やオプションプレイ料の分配金があるから、月に四日五日休んでも一八〇万円は楽に稼げるのだ。

この指名料やオプション料の分配法も他業種だと四割から五割の割り戻しになるが、イメクラだと指名料全額、オプション七割などという店がザラである。

それにはイメクラの店なりの思惑があるようでおもしろい。まず指名料をギャルに全額渡すというのは、常連を増やしましょう、ということなのだ。常連は当然お目当てギャルを指名して来店する。その客を長くキャッチしておくためには当然、ギャルのサービスがよくなくてはならない。ここまで考えての指名料全額なのである。

一方、オプション七割は、やはり客単価のアップを狙っての戦略だ。イメクラは店舗型フーゾクである。完全個室が売りものだ。もちろん、プレイの秘密性や遊びの機密性を守るためである。

マンションの部屋を借りてプレイルームにしているのだから、それの維持のためには、どうしても客単価を上げるしかない。そこで過激なオプションを考えて客をよろこばせて、ついでに女の子への見返りを増やす。

ギャラが高いだけに苦労もひとしお

というわけで、かなりいいことずくめでイメクラのお金の流れを見てきたが、それならこの高収入に誘われてギャルが集中するかというと、じつはそうでもない。

高いギャラには当然ハードなお仕事がついてまわるのだ。

どうあってもイメクラギャルには〝なすがままの受け身でいる〟という条件がつく。たとえばリカちゃんプレイなら、女の子をリカちゃん人形に見立てて、男性客が服を着せたり脱がせたりして遊ぶ。「はいっリカちゃーん、お洋服脱ぎましょうねェ、今日はパンティだけで遊びまちょおー」なのだ。

イメクラギャルにいわせるとこうなる。

「そりゃ、自分のリズムで動けちゃうヘルスや性感のほうが楽ですよぉ。どうしたってストレスがたまるの、このお仕事って」

面接で、おとなしくて従順そうなギャルを採用しても、こうである。

だから彼女たちは畢竟、金遣いが荒くなる。ショッピングでストレスを解消したり、ホストクラブに通ったり。どうしても仕事上のストレスを何かで晴らそうとする傾向がある。当然といえば当然の心理か。

いまどきのフーゾクギャルは、じつに情報通である。他業種のことも含めてフーゾク全般に対する知識をもっている。だからイメクラで募集があっても、自分に向いていないと判断したら、そこへは行かない。自分に合ったフーゾクの業種を、ほとんどの女の子たちは、なんとなくわかっているようだ。

そこでイメクラのスタッフは、新人ギャルを求めてスカウトに出る。めざすは、やはりフーゾク業の新人の草刈り場ともいえる都内のキャバクラへ。もし目にかなう子がいたらじっくり構えて半年かけても口説き落とすために通うスタッフもいるとか。

イメクラの客の多くが、そこにいる女の子に求めているものはテクニックではなく、初々しい反応である。おもしろいことにフーゾク店なのに〝ヌキ方〟の上手下手は二の次なのだ。それよりもプレイに対して新鮮な反応をしてくれることが求められる。いってみれば〝ブリッコ〟の世界に一部通じるのかもしれない。

それでいて、男のわけのわからない要求でも、彼女なりにやさしく受け入れてくれる母性の強い子が向いている。これは大変なことで、自分で演じて作れるものではない。つまりイメクラギャルには、ある程度の適性が必要なのである。

それに受け身プレイが多いからMっ気のある子がいいのかもしれない。女王様みたいに、すぐにキレてしまう性格では、イメクラはちょっと……ということになるだろう。

電話番の大切な使命とは

イメクラは店舗型のフーゾクである。だから個室それぞれの造りには最大限の気を遣うし、金も遣う。

1号室が痴漢プレイ用の部屋なら電車の吊り皮に乗客用のシート、それに電車の発着音や駅員のアナウンスが入ったCDも用意する。

2号室はセクハラプレイを楽しむ部屋なら、オフィス風の調度を入れて、もちろんスチールデスクに電話にペン立てまで。

3号室が台所で、4号室が病院の診療室で5号室が……とキリがない。

「マンションで五部屋のプレイルームを借りて内部を全面的に改装する。インテリアなどに設備投資をしたら軽く一〇〇〇万や二〇〇〇万円が飛んでいきますよ」とはイメクラ店長氏。

それだけ金をかけた個室である。営業時間中は、一分でも空けておきたくない。そのためには予約を取ること。イメクラは、ほとんどが予約制なのだから、予約管理が大切。フーゾクの世界でよくあるスッポかしやドタキャンが起きないように、また、それがあってもすぐ対応ができるように、気持ちオーバー目に予約を取っておく。客がきてダブるぶんにはいかようにも口実がある。待たせておくことのほうが楽なのだ。

予約を取るには何が必要か。優秀な電話応対術である。イメクラに電話をかけてくる人のなかには、はっきりと遊ぼうと決めてくる人ばかりではない。

まず、さまざまな問い合わせがある。なかにはイメクラってどんなプレイをして遊ぶのか、その説明をしてほしくて電話をする人もいる。雑誌や新聞にズラリ並んだイメクラのなかからどこを選んだらいいのか思案に暮れている人もいる。いや、その前に遊ぼうかどうしようか漠と迷っている人だっている。

そんな浮動票を店にこさせる。それが電話番の大切な仕事なのだ。この点はホテルの電話番にも共通している。いや、フーゾク業界すべての電話番に通じている、といったほうがいいだろう。

スタッフにはいくつかの厳しい御法度がある

こうみてくると、イメクラの男性スタッフ、おもに店長の仕事は、かなりある。あるときはスカウトマン、あるときは電話番、またあるときは個室の調度を考えるインテリアデザイナー。もちろん、売上げを管理するのも大切な仕事だ。

それ以外にも、新人ギャルへの実技指導。いわゆる講習というやつだ。仕事を覚えさせたら出勤管理もしなければならない。朝寝坊な子にはモーニングコールまでしてあげ、いつでも必要なだけの人数はきちっとそろえておく。

イメクラの従業員には、もちろんしてはいけないことがある。店長はまず、独立はダメというのではないが、退店して半年、一年は同業の仕事を始めてはならない、という取り決めがある。

同じように男性従業員だと、これはどこのフーゾクでも同様だが店の女の子に手を出すことは御法度。それと店のノウハウを他店に流すのは利敵行為につながるので絶対にダメ。

一方、女子従業員は、おもしろいことに店外デートがノー。キャバクラでは客をつないでおくために奨励するくらいのことなのだが、イメクラでは、店の外で客と会えば、わざわざ店にまできて高いお金を払わなくなる。どこか他所たとえばホテルなどに女の子を誘うようになるからダメなのだ。

それと女の子の他業種フーゾク店かけもちもいけない。イメクラの料金は割高であるから客は必ずや安いほうの店へ流れるだろう。店側は、女の子が他のフーゾク店で仕事をしていることが判明したところでクビにする。そのくらい厳しいのだ。

だからイメクラは他の業種との交流があまりないのかもしれない。そのために、ちょっぴり秘密めいたところがあったりもする。じつにおもしろそうな世界なのである。

かくてイメクラの歴史は始まった

　ところでイメクラは、どのようなプロセスを経て、いまのような形態になったのか。それについてもふれておこう。

　イメクラの登場は筆者の記憶している限りでは、一九八五年に高田馬場にオープンした「B」という店が嚆矢《こうし》だろう。そこは夜這いプレイで人気を博した。

　それも、いまのように同じマンションのなかにプレイルームがあるのでなく、わざと事務所は別の場所にあった。お金を払ってプレイに及ぶときは、地図を渡してくれる。それから地図を片手に高田馬場の街のなかを歩いて女の子がいるマンションをめざす。あずかった鍵でドアを開け、真っ暗な室内に入るとベッドで女の子が寝ていて、そっと近づいて行ってイジくりまわす……。これが夜這いプレイなのだが、興奮して大きくなった愚息は、自分でバンバンしなければならなかった。

　じつに他愛のないフーゾクなのだが、地図を片手に街のなかを歩くとか、真っ暗な部屋に忍び込むとか、そのうえ、自分でバンバンするとか、いろいろな意味において新鮮だった。これが馬鹿受けした。

それが、いつの間にかイメクラでもギャルがシコシコしてくれるようになり、九〇年を越す頃には、フェラチオOKの店も出現するようになった。

しかし、イメクラがフーゾクの中枢に位置するようになったのは、九三年頃に、オプションプレイを取り入れてからである。いまやオプションプレイこそイメクラの生命線だとまでいい切るファンもいるほど。イメクラ＝オプションプレイの図式は定着した。

イメクラ先導で始まったオプションも当初はコスチュームを数種類用意していて、そのなかから客が気に入ったものを選ぶ。そんなコスプレであったり、パンティ持ち帰りOK、ビデオ撮影OKなどの初歩的なメニューであった。

それが、いつの間にかバイブ挿入OKとか放尿・剃毛OKとかソフトSMまでがオプションのなかに取り込まれた。

で、最近はアナルファックOKというまでに進んでいる。徐々にだが、それなりに過激なオプションが登場するようになった。今後も、行き着くところにまで突き進んでいくのだろう。フーゾクは、それ自体が貪欲なパワーをもっているのだ。

つまりイメクラは、他のニューフーゾクがある程度の飽和状態を迎えている現在でも、まだまだ先に向かって展開する余地をもっているお仕事である。

ところで最後に、イメクラで本番がやれるかどうかという質問に答えておきたい。フーゾクファンならずとも誰でもが興味のあるところだろう。

イメクラの個室で本番をすれば、やはりすぐバレてしまう。プレイルーム制なのだから、事後の後始末に行けば、本番をやったかどうかは手に取るようにわかる。

本番厳禁はヘルスと同様だが、ヘルスでも本番をしちゃう子がいるように、イメクラだってプレイをしているうちに、どうにもふたりの気持ちが盛りあがって、ズボッということもあり得る。

さらに最近はイメクラでも当たり前になってきた素股。これ、正常位や騎乗位だと、入れようと思っても(何をどこに入れるかは個人の自由なので、それぞれでおもんぱかってほしい)、そううまく入るものではない。ところが、後背位から素股をやると、まったく努力をしないでもスルリと中に入ってしまうことが多々ある。それほど、入りやすいのだ。

だから、たとえ本番厳禁のイメクラであっても個室というシチュエーションのなかで、それも背後から素股というパターンは、とても可能性がある。もとい、危険性があるのだ。

男女交際クラブ

事務所のファイルで選んだ二八歳のOL

男女交際クラブは、ここ数年間に都心の渋谷を中心に増えてきた新しい形のフーゾクである。どのようなものなのか、手元にあるリポートを紹介しよう。


「今日は時間あるの？」

「ハイッ大丈夫です。夜は空けておいたから」

「それなら、二人っきりになれるところにでも行こうか」

こんな私の誘いに彼女は、言葉で応えずにちょいと飲んだお酒で赤くなった顔をコックりしてうなずいた。そしてそのまま、こちらに身体を押しつけるようにして腕を巻きつけてきた。

彼女とは、知り合ってまだ三時間ほどのおつき合い。それまでは、まったくの見ず知らずの他人同士。しかしいまはどうだろう。まるで恋人同士のようにして肩を寄せ合いながら渋谷は道玄坂を円山町へと向かう道をたどっていく。もちろんめざす行き先は、円山町にあるラブホテル街。

そうそう、彼女の名前は、彼女の口から直接聞く前に事務所にあったファイルで覚えておいたのだが、S子ちゃんといったと思う。年齢は二八歳のOLとか。遊ぶにはちょいと年がいっているのではとお思いかもしれないが、今回はわざわざ二〇代の後半のギャルをお相手にと選んでみたのである。さらに次回は三〇代の女性とデートを楽しんでみようかと思っている。デートといったって当然、こちらの腹づもりでは、最後の最後まできっちりいくことを期待しているのだ。ストレートにいえば〝一発キメてみよう〟ということである。

そのつど、デートの相手の年齢層やタイプを変えてのおつき合い。なんだかこの頃、急に自分がプレイボーイになったような気分である。それがまた楽しい。

ここで話を整理してみよう。いま、私がデートを楽しんでいる二八歳のOLのS子ちゃんを知ったのは、今日の昼過ぎのこと。場所は渋谷にある、これまで二回ほど行ったことのある男女交際クラブの事務所で、である。とはいっても直接に彼女と会ったわけではなく、その事務所にあるファイルのなかから選んだ女の子がS子ちゃんなのだ。

そして彼女のお仕事が終わるのを待って、午後七時に渋谷のとある喫茶店で待ち合わせをした。そう、彼女との出会いのきっかけが、男女交際クラブという比較的新しいフーゾクビジネスを通してのことなのである。

九八年の春以降爆発的に会員が増大

私が、この交際クラブというフーゾクに興味をもったのは、九九年あたりのこと。それまでも最寄りの駅で買う夕刊紙の三行広告などで〝男女交際クラブ〟というフーゾクがあることは知っていたが、はたしてそれがどのようなものかは、まるで見当もつかなかった。

それが友人のひとりにフーゾク通を自認する男がいて、彼がいうには、男と女の出会いを取りもってくれる商売だという。

男性側に条件があるものでも、制限があるものでもない。ただ入会しさえすれば、その場で女の子、つまり在籍の女性会員のデータや顔写真を見て、気に入った子を選べるということだ。

それから先、デートにいたるまでをクラブのスタッフが責任をもってセッティングしてくれるという、いうなれば〝ナンパ代行業〟ということか。気に入った子に、当方が直接話しかけるなんてとてもできないわけで、その手間をクラブが間に入ってやってくれるというしだい。

そんな話を聞いて俄然、興味をもつのも当然のことかもしれない。私、男を数十年続けてやってきて、これまでのところ、街を歩いている女性に声をかけるなんてことは、恥ずかしながら一回も経験したことがないのである。これが、心のなかでとても悔やまれてならないことだった。

ともかく悪友の話を聞いて、やたら交際クラブに行く気になったのである。聞くところによると、すでに二、三年ほど前から渋谷あたりを中心にクラブは知る人ぞ知る〝お手軽フーゾク＝ナンパ代行業〟として、ひそかに人気を得ていたらしい。

それが、爆発的に女性会員が増え、それにつれて男性会員も驚くほど増えたのが九八年の春以降のことだとか。

交際クラブに集まってくる男も女も、それぞれに異性との新たな出会いを求めてやってくるという。そこでクラブが交際の便宜をはかってくれる。

システムはどうなっているのか

ただし、ここでいう〝交際〟とは、なにも初めからセックスができるとかエッチなことが楽しめるとか、ダイレクトなフーゾク業に結びつくものとばかりは限らない。この仕事、まずは男女の出会いをはかる紹介業なのである。

それから先は、たがいに気が合うなり話が合ってのこと。とはいっても会員は全員大人なのである。入会している女性たちは皆が皆エッチな状況に陥ることや助平状態を迎えることをことさらイヤというものではない。いや、心の奥底では、こっそり期待していたりすることも。すべての事柄は成り行きしだいなのである。

そのようなわけで、会員の女の子たちは、ほとんどが会社勤めのOLであったり、大学生、専門学校の学生であったり、ごくごくふつうのただ淫乱な家庭の主婦であったりする。男性との出会いを求める素人の女性たちだ。

プロ然としたギャルが個室に入るなり、股を広げて〝はい、ドーゾ〟ではないのだ。あくまでも素人さんが前提だから、おもしろい。

この交際クラブを私が訪れたのは二〇〇〇年になってからのことである。一月の某日、仕事の都合でたまたま渋谷に行った際に、以前からメモしていた交際クラブに電話を入れてみた。電話に出たスタッフ氏が、まずは事務所にきて入会手続きをという。さっそく、道順を聞いて、いざ事務所へ。

どこにでもあるような、ごくありきたりのマンションの一室。室内は三つに分かれていて、ドアを開けて入ったところが受付をかねての待合室。そのつぎが入会手続きをしたり、お相手の女の子を選ぶ応接室。その奥は女の子の手配をしたり事務手続きやデスクワーク用の事務室になっているようだ。待合室にはソファのセットがデーンとおいてあり、そのかたわらに週刊や月刊の雑誌が入ったマガジンラックがある。応接室にもソファがある。

それにも増して目立つのが、かなりの量のアルバムが本棚にズラリ並んでいる光景。これがすべて、登録女性のデータファイルなのだ。

いちばん奥の事務室には、デスクが四つほど。それぞれにはパソコンが設置されていて、それを事務のスタッフがキーボードを叩いたり、モニター画面に見入ったりしている。もう完全にオフィスなのだ。

私が訪れたときは平日の午後とあって他に来客はなし。そこで案内されるままに応接室に入って、まずはスタッフ氏からクラブの説明を聞いた。

「はい、当クラブには、女性会員が一〇〇〇名ほど在籍しています。さらに毎月五〇名ぐらいの新入女性会員が入会してきていますので、その数からいっても都内で一、二の規模を誇る男女交際クラブといえるでしょう」

ということで、入会金が一万円、年会費は一万円。それに初回紹介料として一万円。以後二回目からは紹介料は一万五〇〇〇円に。つまり入会時に三万円が必要だという。これは、たいていの男女交際クラブの平均的な料金システムといえるだろう。相場は二、三万円と思っていれば無難である。

一〇万円のＶＩＰコースは何がおいしいのか

「それで十分なんですが、じつは当クラブには二種類の会員があります。一般会員とＶＩＰ会員なんです。その違いは、それぞれのファイルをご覧になると、おわかりになるはずです」

見ると一般会員向けのファイルには、女の子の名前、身長、スリーサイズ、職業といったデータが一ページにわたって書き込まれ、そのうえで顔写真が貼られている。

一方のVIP会員のほうは、これまた、まったく同種のデータと写真が載っている。ただ、違うのはVIP会員のファイルには欄外の書き込み箇所が二つあって、そこにABCのアルファベットが書かれているのだ。

「これはいったい？」

「はい、これは女の子のランクなんです。右側のほうは、どんなおつき合いができるかです。Aは、デートぐらいならというランクです。この手の子は口説くのに、ちょっと骨が折れるでしょう。それがEになると、どのような方であっても最後までOKですという突撃系のギャルです。そして左側のほうのアルファベットは、できることなら、お小遣いはどのくらいほしいかという彼女たちの目安なんです。Aは、私そんなの関係ありません。気持ちしだいです。でもタクシー代ぐらいはほしいかなって。Eになると、せいぜい一〇万円は欲しいと。これは、あくまでもおおよその目安ですけどね。つまりは、この欄外の文字で、彼女たちがどんなおつき合いを望んでいるかが、だいたいわかるわけです。だからハズレがないということになりますよね、右側Eの子を指名すれば」

一般会員は、まさに暗中模索、しかし、こちらのほうが楽しいという会員も多い。もちろん私は一般会員で十分である。

VIP会員とかエグゼクティブ会員とかいうシステムは、たいていの交際クラブに用意されているようである。入会の際に、こちらだと一〇万円くらい必要になる。それでも、なにしろヤレればいいと思う人には、おあつらえむきのコースといえるだろう。

スマートな口説き文句は「時間あるの？」

私は、第一回目のデートの相手には、一九歳の女子大生のM子ちゃんを選んでみた。とにかく、すべてが初めてである。出たとこ勝負で一〇代の女子大生とのおつき合いだ。

このときも喫茶店で会って、一〇分ほどたがいの自己紹介という、簡単に名乗りあってから、近くのイタメシ屋に。

それからショットバーに行き、その後、M子ちゃんがカラオケに行きたいというのでご一緒する。彼女が歌うのは、安室奈美恵のヒット曲に、スピードの話題曲、ついでに宇多田ヒカルの新曲ときた。私が歌うのは、新しめのところで吉田拓郎にかぐや姫、古ければ「上海ブルース」に「夜霧よ今夜も有難う」。

これでは話が合うわけがない。この第一回目のデートは、これといった成果もなくグッドバイ。別れ際に、スタッフ氏にいわれていたお小遣いというかタクシー代として、M子ちゃんに二万円を。

で、今回のデートは、もう少し上手にコトを運んで一発キメてみようということで、二八歳のOLのS子ちゃんを選んだのである。

女の子も三〇にほど近くなると、すべてが大人になる。何だか変な言い方ではあるけれど、話題にしても、行動にしても、考え方にしても、こちらのほうが私にとっては楽である。

この年格好の女の子となら、ちょっとぐらいの努力で、相手に合わせることができるかもしれない。ただし、数時間のワクのなかで……。

などと考えながら、胸をときめかせてS子ちゃんとのデートに臨んだ。

S子ちゃんは色白で丸顔、目は二重でパッチリしていて、セミロングのヘアが、いかにも落ち着いた雰囲気をただよわせて大人の女といった感じ。思わず心のなかでムフフと微笑む私であった。

ここで交際クラブで遊ぶためのコツを二つほど。まずは前述したように女性にタクシー代というか、お小遣いを渡すこと。

これは別れ際に渡すのがよいという人と、出会ってしばらくしてのほうがよいという人がいる。私は、別れ際に渡すことに決めている。

なかには、お小遣いをあげたら、そのままどこかに彼女が行ってしまうのではないかと心配するムキもあるようだが、概してそれは杞憂に終わる。

それと、もうひとつ。彼女を最後のラインに誘うひとことは冒頭の〝今日は時間あるの？〟が洒落ている。

ともすると、最後のお誘いというのは、どういってよいのかとまどうもの。そんなときには時間の有無をただすのがいい方法なのだ。

ダメな場合なら、〝時間がありません〟、ＯＫなら〝あります〟である。

〝あります〟とこれだけ聞いたらホテルへ直行しよう。食べ物屋やバーやカラオケにいったって、そんなところは早々に切りあげてホテルへ。これからが本当の大人の男女の交際時間なのである。

立ちあげから経営までが安価で可能

このリポートで男女交際クラブの一端を垣間見ることができる。要は金の関係といってしまえば身もフタもないが、〃ホテトル以上で恋人未満〃とは、よく関係者が表現する言葉である。お金を介在させての擬似恋愛の世界。それをより現実っぽいシチュエーションのところで男女の出会いの場を提供するところに交際クラブの魅力があるのかもしれない。

このような行き方が、最近のクラブの傾向なのだが、それとは若干趣きを異にする〃出会い〃ではなく〃紹介〃をもっぱらにする店もある。いってみれば、かつての愛人バンク的なクラブで一カ月いくらの長期的な契約でくるもの、また一夜妻ではないけれど一夜の愛人を紹介するレンタルラバーという傾向の店もある。こちらになると、もうホテトルのほうが近いともいえる。

ところで男女交際クラブの経営面からみた最大の特徴とは何か。それは無店舗型フーゾクという点である。

無店舗型とは、ソープランド、ピンクサロン、ファッションヘルスなどといった店舗を構え、看板を出して店を張るフーゾク店と違い、あるのは事務所だけ。そこを中心にもっぱら事業を展開する形態のフーゾク店である。ちなみに男女交際クラブ以外の無店舗型にはホテトル、デリヘル、出張性感といった出張フーゾク系の店や自前の調教室をもたないSMクラブなどがあげられる。

この無店舗型フーゾクのよさは、その立ちあげから経営にいたるまでが安価でできるということ。店舗代というか部屋代がかからないのだから大きい。

月に二〇〇万円を稼ぐ女の子も

つぎの証言者のY氏は、以前吉原でソープランドと喫茶店を手広く経営していた。それが二〇年ほど前に多額の借金を作って転業。ホテトルを経由して現在は都内某所で高級会員制男女交際クラブのオーナーという人物である。

「いまから二〇年ほど前になりますかね。億を越える借金を作ってしまって、ニッチもサッチも行かなくなって、なにか安くできるフーゾクはないかと考えました。それで思いついたのがホテトルなんです。当時はマンションでエッチをするマントルという商売はありましたけど、ホテルに出かけて行って客の相手をするという出張型のフーゾク業はありませんでした。

これが当たりましてね。わずか二年ほどで借金は返せたし、月に二五〇万円は収益があがりました。それで、頃合いのいいところでこの商売をやめたんです。フーゾク商売は、バクチと同じで見切りが大切です。

つぎに考えたのが、やはり無店舗型の会員制の男女交際クラブです。いまから一〇年ほど前です。ちょうどバブルの最後のひと輝きの頃でした。ゴルフの会員券の名簿を集めて一日に五〇〇件のペースでダイレクトメールを出し続けました。

当初の男女交際クラブは、いまとでは料金的にまったく違います。たとえば入会金が一〇〇万円から五〇万円。女の子のデート代一〇万円以上。セッティングしてあげる料金が二万円と、これはいまと変わらないかな。

入会金の一〇〇万円からというのはマケてあげるんです。私が一〇〇万円というと相手は高いという。ならば、人によって八〇万円まで落とすときもあれば、なかには五〇万円でけっこうですという場合もある。なんといってもバブルの時代でしたから、このあたりはじつにいい加減でしたね。

ともかく、ここ二〇年は金のかからないフーゾク業を押し通してきたY氏である。ホテトルにしても交際クラブにしても草分け的な存在なのだ。そのテーマは、あくまでもローリスク・ハイリターンといえるだろう。

Y氏の経営するクラブでも二、三年前からはディスカウントをして、現在では入会金二万円のみ、セット料金はなしで〝五万円で遊べる交際クラブ〟を標榜しているとか。

会員数が男女ともに二〇〇人ほど。そのぶん、経営もひかえ目に、他の事業の事務所を兼ねた仕事場で、Y氏一人。従業員はなし。月にかかるものは、営業用の電話代が五万から六万円。広告代は〝ウチはかけないんだよ〟で一五万円から多くて二〇万円という。

これで在籍の女の子のなかには月に一〇〇万円前後を稼ぐ子もいるという。一回のデートというかおつき合いの謝礼が三万円以上で、このうち事務所に二割のバック。

「だから私も目一杯やれば、月に二〇〇万円にはなるけれど、いまはノンビリとボチボチやっています」

Y氏のクラブは、女の子から二割の戻しをもらっている。しかし、最近の交際クラブでは入会金、セッティング料、年会費、これらはそれぞれ一、二万円程度のものだが、これを男性会員から受け取ることで経営を成り立たせている。

なかでもセッティング料は、会員がきて女の子と遊ぶたびに一、二万円を払うのだから会の収入のメインといえるだろう。

それでいて店舗代が必要ないのだから収益率はかなり高く、そのあたりの事情がフーゾク業界のなかに広く伝わって、ここ数年の交際クラブの開店ラッシュとなったのであろう。

SMクラブ

派遣型フーゾクの代表格

池袋、新宿、渋谷といった盛り場のホテル街を大きな布製の黒いバッグを肩にかついで歩いている女の子を見かけたら、そのほとんどがSMクラブの子と思っていいだろう。このバッグのなかにはムチやロープやローソクなどSMプレイの七つ道具がびっしり入っている。これらの小道具を使って、客が女の子をいたぶったり女の子が客を責めたてたり、SMのマニアックなプレイが展開されるのだ。

現在のSMクラブは最寄りのホテルや客の自宅に出向いていって、そこでプレイをする派遣型フーゾクの代表格なのである。

以前は調教室というプレイルームを完備した本格的なSMクラブが都内には相当数あっ

たのだが、九九年四月の風営法の改正によって、これらのプレイルームはいっさい禁止されてしまった。ＳＭクラブは派遣型のフーゾクとして指定されてしまい、ともかく外に出ていってプレイをする道しかなくなったのである。そのため客が事務所に立ち寄ることも御法度になってしまった。

しかし、そのぶん、店舗というか個室を構えないですむのだから、より安く手軽に店をオープンできるようになった。もし新宿の歌舞伎町で五部屋あるフーゾク店を開店しようとしたら箱を確保するするだけで五〇〇〇万円は覚悟しなければならないだろう。

それが事務所だけですむのなら安いものである。せいぜい二〇万も用意すればよい。ただし、この事務所には最低三部屋は必要だ。本来の事務をとる場所としての事務室、それに女の子が四六時中待機している控え室、あとＳＭグッズやコスチュームをしまっておく部屋の三つである。

事務所をおく場所は、駅から歩いて一〇分ぐらいで、ホテル街へは一〇分以内の条件を満たしてくれるところが向いている。

そこに電話を三回線は用意する。営業のための受け専用が二本。女の子と緊急の連絡をとったり業務用に使う電話が一本。この三回線の電話代は月に三、四万円といったところか。その他、事務所に必要なのは、女の子の控え室に飲み物を入れておく冷蔵庫、それとヒマなときにながめるテレビ。これらも必需品といえないこともないだろう。

SMグッズにはどの程度の金をかけているのか

さてSMクラブのSMクラブとしてのいちばんの特徴とは何か。それはプレイの手助けをしてくれるSMグッズである。これを適当数すべてを店側でそろえるとすると一〇〇万円近くはどうしてもかかってしまう。

ひとつひとつのグッズはそれほど高くなくても、まとまると相当な金額にふくらむ。まして ふつうのグッズはアダルト商品の問屋から超格安で仕入れているのに、である。

余談だが、なんと問屋では定価の七割引きぐらいでグッズが買える。ということは一般客に定価で販売しているアダルトショップはかなりの儲けを得ていることになる。

たとえば市価二〇〇〇円のピンクローターが五〇〇円。通販で買えば一万円はする浣腸器が二二〇〇円。その他でもムチが三五〇〇円、縛り用のロープが二〇メートルで一三〇〇円。一〇〇匁ローソクよりも大きなローソクが一二〇〇円、バイブレーターが二八〇〇円。これを街の大人のオモチャ屋で買えば八〇〇〇円はするだろう。

そしてプレイの際に着用するボンデージも専門のショップで買うと、こちらがSMクラブとわかれば定価の三割引きで売ってくれる。安いもので一万円ちょっと、デザインの凝ったものだと二、三万円くらい。素材によっても価格は千差万別だが、革製のコルセットで五万円などというのもある。

以前はこれらの備品を店がそろえたものだが、最近は自前でそろえる子が多くなってきた。というのも、これらの器具を使い回すのは、どうにも非衛生的だと嫌われるようになったからである。それと、これらのグッズを安く手に入る店があることを、この頃のギャルたちが知るようになったからでもある。

高給取りだが仕事もハードな店長

続いて人件費の話に入ろう。まず店長の給料は、固定給でも出来高払いでも、あまり差はないようだ。月に一〇〇万円か、それよりもちょっと上といったところだろう。
一、二年も店長をやって業界の水になじんだら、スポンサーを見つけて独立をしていく人も多いという。オーナーになって当てれば二〇〇万円ぐらいの収益が毎月あげられるからだ。

そのかわり店長の仕事は、かなりハードだ。女の子の世話もすれば電話番もやる。SM専門誌や一般フーゾク誌の取材の手配もして、広告の発注も仕事のうち。

女の子の世話といえば、どこのクラブでもギャルは自由出勤制をとっている。それというのもSM系のギャルには一家言をもっている子が多いのだ。とても扱いが難しい。出勤にしたって自由にまかせるしかない。

「肉体で快感を得るなんて下衆《げす》のすることよ。人間なんだから精神の世界でイカなければネ。だから快感をセックスに頼るなんて下等動物並みなの。わかるぅ!?」

なんてことを一九歳ぐらいの女王様がいってくれる。そんな子たちにお仕事をさせるのである。一筋縄でいくわけがない。

そのうえ、オープンしたての店ともなると、客からかかってきた電話には、どこで店の番号を知ったのか、そのつど聞いてみる。そして媒体ごとにかかってきた本数、さらに実際に客としてきてくれた数をチェックする。次回の広告出稿の際の手がかりとする。つまりマーケッティングのリサーチも店長の仕事のうちである。

事務所を一人で切りまわすのはとうてい無理なことだ。客からのクレームがくれば飛んで行かなければならないし、女の子からSOSがくることだってなきにしもあらず。

そこで、もう一人ぐらいは電話番をおく必要がある。電話番の仕事は、ただ電話を受けるだけで楽なものだろうと思うのは素人のあさはかさ。一歩も事務所から外に出ることもなく一二時間、ともすると一晩ぶっ続けで詰めていなければならないとなると、これはかなりの苦痛である。でもって給料が五〇万円。安いともいえないし、その努力をみれば必ずしも高いともいい切れない。

人件費は以上で終わりかというと、この世界では、絶対に表面には出ないが重要なスタッフがもう何人かいるのだ。ただ、彼らをまったくおかない店もかなり多い。

べつにその店の〝正社員〟ではなく契約社員のような存在のスカウトマン。彼らには固定給があるのではなく女の子一人を連れてきたらナンボというシステムだ。たいていの場合、女の子を一人店に引っぱってきて、五万円から二〇万円ぐらい。この金額の差は、やはり女の子がお仕事ができるかどうか、容貌はどうかなどで大きく変わる。

SMクラブが流行るには女性の質に負うところ大である。かわいいM女に魅力的な女王様がいるかどうか。もし、その手の子がいないようなら外部から引き抜いてくるしかない。

そしてＳＭの世界では、客はほとんど女の子についている。だから女の子が他所に移れば、それにつれて男も動く。そこにスカウトマンの存在するスペースができるというわけだ。しかし何といってもスカウトマンの存在はアンダーグラウンドなものでなければならない。もし彼の立場がバレてしまえばボコボコにされるだけではすまない。トラブったら後はふたつの店の力関係でケリがつけられる。その意味では各店とも引き抜きには最大の注意を払っている。

ナンバーワン・クラスだと月に二六〇万円

そんなに重要な存在である女の子に、他のフーゾクではときに認められるような保証がＳＭの世界にはない。だから、もし客がゼロで完全にお茶をひいてしまえば、その日は一銭もお金をもって帰ることができない。

女の子たちは、はたしてＳＭクラブでは、どのぐらいの収入があるのか。その前に彼女たちの料金からの取り分をおさえておこう。たいていは店と女の子で四対六か五対五。四対六が全体的に多いようである。Ｓコース三万円として一万八〇〇〇円が女性サイドに落ちる。ひどいところでは入店一カ月間は研修だから日給七〇〇〇円などというケースもあるがこれは例外だ。

女の子の収入は、稼ぐ子で月に一〇〇万円、並で六〇万~八〇万円、休んだり何だりで稼がない子で二〇万~三〇万円ほどである。ナンバーワン・クラスになると最高で月に二六〇万円を手にしたギャルもいる。だが平均しての話では、なんと二年以上にわたって毎月コンスタントに一五〇万円を下らないくらいの数字を稼ぎ続けた子がいた。とはいっても、これはじつに希有な例であろう。

ところでこの業種の経営でもっとも大切なのは何か。それは広告だと指摘する人は多かろう。SMクラブでは看板を出せないから、何もしなければ、いつまでたっても客はこない。そのための広告である。まして立ちあげたばかりの店は電話が鳴らない。存在感がSMファンの間に伝わっていないから、月に五〇万円くらいも広告につぎ込んでも、そうそうは効果があがらない。そのため半年間は客がゼロであっても広告を打ち続けられる体力がなければ店を維持することが困難だ。

そしてどこの媒体にどのような広告をうつか。その際、少ない金額で有効な広告を、がポイントになるのはいうまでもない。大手の店で月に一五〇万円ほど、個人営業の小規模店でも四〇万～五〇万円ぐらいは毎月の広告費として計上している。

一方、募集のための求人誌には、月平均で一〇万円はかける。ただし五月と六月と一〇月、一一月の人が動く前の月には女の子を多く集めるために三〇万円まで予算をアップさせる。

二〇〇万円近い料金を払った豪の者も

これだけの経費をかけてSM店は成り立っているのだが、収入のほうはどのようなものなのか。

SMクラブには二種類の客がある。つまりSとMの違いによってプレイの料金も若干異なる。一般的にいえば、客がSの場合のSコース。つまり女の子をムチでビシバシとかローソクをタラタラさせていたぶるほうだが、これは一時間三万円。

その逆に客がMで、女王様にイジめられたいというMコースの場合。こちらは一時間二万円である。いずれにしても他のフーゾクに比べたらプレイの単価が高い。

さらにこの他にオプションプレイがあり、聖水プレイなら二〇〇〇円ほど。黄金プレイだと五〇〇〇円から一万円の間。AF（アナルファック）プレイが、これまた五〇〇〇円から一万円が相場。ビデオ撮影なら一万円から三万円程度はかかるだろう。基本となるプレイ料金にオプションプレイ、さらにSMの場合は延長も多いという。なかには延長延長で時間が伸びていってオールナイトになってしまい一五万～二〇万円かかったなどという話もある。

ある クラブで聞いた話では、常連の客が香港から電話をかけてきて「ギャラは一日当たり五〇万円支払う」から、誰か派遣してくれということもあるという。それに加えて往復の飛行機代も払って、じつに二〇〇万円近い料金を支払った豪の者もいたとか。つい最近の景気のいい話である。

ビジネスを成功させる三つの条件とは

とはいうもののSMクラブはフーゾクのなかでも、もっともマニアックな世界であり謎に包まれている部分が多い。それが驚きと好奇の目で、あらためて注目されたのは、数年前に起きた五反田のSMクラブ経営者殺人事件であった。大学出の三〇歳そこそこの経営者の資産が数千億。月の売上げが数千万円もあるということが捜査の過程でわかってきた。事件のスキャンダル性と裏で動いていた金額の大きさ。これでSMビジネスに目を向けた人はかなりいる。

盛り場でのヘルス、イメクラ、性感といったフーゾク業が、商売としてはすでに成熟期に入っており事業としてのうま味があまり見込まれなくなっている。法外に高い箱代に設備投資そして人件費等々では、採算ラインも大変である。

そこにいくといろいろな意味でローリスク・ハイリターンが見込まれるSMビジネスに、いま現在でも参入してくる人は多い。だがじつはこちらも正直いって飽和状態ではあるのだ。都内だけで一〇〇軒は下らないという店がひしめき合っている。

聞けば「オープンして半年は赤字覚悟」だという。それでも新たに店を開くとすれば、SM業界にくわしい人にいわせると三つの条件があるという。

①男がいるか。つまり優秀な店長、スタッフがいるかどうか。

②女がいるか。数と顔出しができる子がいるかどうか。

③お金。一年間分として一二〇〇万円プラス五〇〇万円。資金として二〇〇〇万円以上用意できるかどうか。

「この条件三つ。男、女、金のなかの、どれか二点を満たしていないと新規にオープンをしてということは難しい。成功すれば大儲け、失敗すれば半年でドロン。どこの世界でも同じことだが、ことさらにフーゾクの世界それもＳＭクラブの場合は、はっきりしている」

一日三人の客がくれば採算がとれるが…

それはそれとして、すでに成り立っているＳＭ店の経営は、採算分岐点はどのくらいのものなのか。ある小規模店を例にとって話を進めてみよう。

家賃、人件費、広告代、事務所維持費などもろもろを合わせて月に約一〇〇万円の支出がある店の場合。とはいっても女の子のギャラは、もちろん別だが。

つぎにこちらのＳコース一時間三万円を基準に収入を考える。前述したように三万円のうち六割の一万八〇〇〇円が女の子の手に。残りの四割一万二〇〇〇円が店の取り分だ。Ｍコースのほうは若干安いが、オプションプレイなどで、やはり平均すると客一人当たりが店に落とす単価は一万二〇〇〇円ぐらいが妥当なところ。

これでランニングコストの一〇〇万円を割ると約八〇。すなわち八〇人の客がきてくれればツーペイになる。さらにいえば八〇時間女の子に客がつけばOKなのだ。

　これを一カ月三〇日で割れば、二点台になる。多めに見積もって、一日平均三人の客がきてくれれば、この店の採算はひとまず採れるということになる。いわゆる分岐点は、このあたりにあるといえるだろう。

「しかし一日三人、三時間プレイさせれば良いというけれど、それほど簡単ではないんですよ。ともすると机上の空論、とらぬ狸の……になってしまうことがよくある。で、半年でパタンなんてね」

　某経営者氏によると、コンスタントに毎日三人続けばいいが、なかには一日一人しか客がこない日もある。こうなると次の日には五人の客が必要だ。

　そこで経営のコツは、いかにならした形で客足を確保して、さらにそのうえに売上げを伸ばすべく客を増やすか、にある。それには一に女、二に男。いってみれば、いい人材をどうやってつかむかにあるという。

　SMクラブ経営者氏の教訓は〝人は金なり〟なのである。

❹

旧《レトロ》フーゾクの経済学

芸者遊び

芸者の世界を象徴しているこの都々逸

フジヤマ、ゲイシャガールと海外でもいわれるように、芸者は日本を代表する存在である。とはいうものの最近では、彼女たちほど、その実態も、さらには遊び方のノウハウもほとんど知られなくなってしまった職業の人たちをほかには知らない。

そこで、彼女たち芸者のお姐さんたちの日常、そしてお座敷での仕事ぶりモロモロをながめてみることにした。

そこからは芸者の経済学の一端が垣間見ることができるようである。そして彼女たちの実態も。

〽鬢のほつれは　枕の科よ

それをお前に　責められる

いまや読めない人も少なくないのかもしれない。

「ビンノホツレハ　マクラノトガヨ　ソレヲオマエニ　セメラレル」となるのだが、読み方もその意味もわからないとなると、こんな粋な日本の伝統文化も猫に小判。なんだか電報文を読み下すようでおもしろくもおかしくもなくなってしまう。

とはいうものの、こんな韻文を色っぽい三味の音（ここもシャミノネと読みたいものだ）と艶か（こちらもアデヤカといこう）な唄声にのせて聞いてみると、やっぱりいい。

芸者遊びの話をするにも、伝統的な音曲の話をするのにも、この頃では基礎知識の説明からしなければならない。

以前なら〝ビンほつ〟のひとことで、たいていの人がピーンときた。ようするに髪の毛が乱れてるよっ、ということだ。そんなに乱れてしまうのは、何か激しい（？）運動でもしたのではないのかい、と。

それはあらぬ疑いってものですよ。ちょいとうたた寝をしたときに使った枕のせいで、こういう具合に日本髪がほつれてしまったのよ。それを誰か他の人と……なんて。好きなアナタに責められるなんて。私、知らない！　嫌い！　でもねェウフフ……。

たった数句の詩のなかで、ここまで情緒も纏綿《てんめん》とした世界が内側に込められている。筆者が芸者の何かを説明するときには、いつもこの都々逸から話を始める。

なぜ芸者遊びは奥が深いのか

こんな男と女の微妙なやり取りを味わいながらも、一方では大広間で派手にドンチャンやらかすのも芸者の世界なら、お気に入りの妓と二人きり四畳半の部屋で差しつ差されつ杯をやりとりするのも芸者の世界。じつに奥が深い。

ここで奥が深い例をひとつ。

芸者サンが初めて半玉（見習い）から直って一人前としてお座敷に出ることになると、彼女の所属する置屋のおかみは、彼女を連れて料亭などをはじめ関係各位に挨拶をしてまわる。ここでいう置屋とは、今風にいえば彼女が所属するプロダクションのこと。

その挨拶の際に、ごく一般的には手元に置く扇子の位置で、この妓が何をする子かを暗黙のうちに相手に教えるのである。

その妓がもっぱら唄って踊って三味線を弾く本来の芸者であるか、それとも宴席の後の

〝おつき合い〟がＯＫの枕芸者かを言葉ではなく扇子の位置で、相手に知らせるのだ。

それを見て、料亭のおかみは「ハイハイわかりました。今度宴会の後も頼む、という客がいたら、この妓を呼んであげましょ」なんてことを腹のうちで思う。いわゆる腹芸とでもいえるのだろうか。言葉なしで、さらにはサインや隠語で何事かを伝えていく世界でもあるのだ。じつに奥が深い。

しかし、そんなことはわれわれにはあまり関係のないこと。彼女たちのお仕事という本題に話を進めよう。

芸者衆をお座敷に呼んで、お酌をしてもらったり話をしたり。座が盛りあがってきたら、いまどきはカラオケタイムがあって、さらにお姐さんたちが日頃お稽古をしている唄や踊りを披露してくれる。

ここまでは、何もいわなくてもセッティングされている式次第（？）である。問題はここから先にある。宴会芸といおうか座敷芸といおうか、これを楽しんでみよう。そのメニューには昔からじつにいろいろな演目がある。

もっともポピュラーな「野球拳」をはじめ、三味線の伴奏と合わせて踊る「メダカの学校」「浅い川」など。で、これらの何がおもしろいかといえば、「野球拳」ならお姐さんをどこまで裸に近い状態に追いつめられるかであり「メダカの学校」や「浅い川」なら唄に合わせて踊るお姐さんの、からげた裾の奥がチラチラ見え隠れするのを楽しむわけだ。なんとも他愛のない世界である。この馬鹿馬鹿しさが楽しいのである。日頃は、こんなことでハメをはずしそうもない人でも、酒が入って座が盛りあがると、おのずと心も開放されてきてワイワイガヤガヤ。そのお手伝いをするのが芸者衆なのだ。

余談だが、この一座がかもし出す雰囲気。これこそが日本に古来ある〝座〟の精神に通じるものなのだ。そう、一味同心なのである。この一体感を味わうための遊びといえる。ということで、なにはさておいても盛りあがりましょう、盛りあがりましょう。これが、いってみれば〝表の遊びの精神〟なのである。

当然のように〝裏〟の遊びも存在する

一方、表があれば裏がある。

芸者さんとしっぽり二人で、というやつだ。こちらは、あらかじめ料亭のおかみに「宴会の後も頼みますよ」とでも申し出ておこう。もちろん、前日までにである。その日になってでは、適当な妓がいるかどうかはわからない。

さて、こちらには合言葉がある。

たとえば二、三人で酒を飲んでいる。ここいらでちょうどいいかなというタイミングを見はからって、客に耳打ちする。

「お客様、そろそろお風呂の用意ができましたが」

「アッソ、ならば、ちょいと入ってくるかな」

これが合図なのだ。

仲居さんに案内されて料亭のなかにある次の間つきの風呂場へと行く。すぐに相方の芸者さんがきて、体を流してくれる。頃合いや良し、で彼女が「お客様、隣の部屋で待っていてくださいね」。見ると風呂場のある部屋の向こうにカラカミがあって、その次の間には三枚重ねの分厚い布団が敷いてある。

そこにゴロリ横になっているとお姐さんがソソと入ってきて、晴れてしっぽりとなるのだ。遠く近く他のお座敷の三味線の音が聞こえたり、唄声が流れてきたり。最高のBGMのなかでのエッチな世界である。

参考までに、宴会でさまざまな芸を見せ、座を取りもつのが本来の芸者衆。二人シンネコで寝間のお相手をしてくれるのが枕芸者のお姐さんである。

芸者遊びの表と裏。どちらもおもしろそうだが、どこでどうすれば楽しむことができるのだろうか。

とりあえず、もっとも手っ取り早いのは、全国の歓楽温泉街（伊豆・伊東、常磐湯本、新潟・月岡、大分・別府……）の宿に電話を入れて宴会を申し込む。ちなみに一人でも宴席は設けてくれる。その際に芸者の手配を頼むのだ。これで表はＯＫだが、裏のほうは、仲居さんなりホテルのフロント氏に、こっそり頼んでみる。なかには親切にも極秘裏に話をつけてくれることもある。

もっとも手っ取り早いのは芸者のお姐さん本人に直接交渉をしてしまうことだ。ただし、彼女が枕さんかどうかは外からではわからない。

一日の多くの時間は〝お勉強〟に充てられる

ところで芸者になるキッカケとは、どんなものなのだろう。伊東のあるお姐さんに聞いてみた。

「小さい頃から着物が大好きで、着物を着る生活を送りたかったの。それと三味線とか踊りとか、やはりいろいろなお稽古ごとをしてみたかったから。いまどきの芸者さんは、こんな理由で芸者になるみたい。よく世間では、経済的な事情でなんて思ってらっしゃる方もいますが、じつは芸者になるにはけっこうお金がかかるんですよ、いまでは」

芸者の一日は、美容院から始まる。たいていの場合は、午前中に町の美容院に出かけていって髪を結ってもらうことから始まる。とはいってもスケジュールによってはお稽古ごとが先になることもある。

いまでは、髪を結うといっても、よほどの例外でもないかぎり日本髪を結うことはない。ただ、二〇分ぐらいの時間をかけて髪を撫でつけるというかセットをするくらいである。ならば、われわれがごく一般的にイメージする日本髪姿の芸者さんを、いつ見ることができるのか。

じつはこれ、最近とても稀なことなのである。もっとも可能性があるのは、お正月、それと毎月の一日から五日頃までの間。いわゆる〝事始め〟のときか、月の端《はな》頃か。とくに〝事始め〟に際しては、若い妓が留袖とか振袖を新調して着るときに見られるぐらいなものである。つまり着物は着ても、面倒な日本髪までは……なのである。

余談だが、それでも温泉街を歩いてみると、寝具屋の店先などに〃まいこ枕〃と名前のついた和風の、やたら丈の高い枕が並べられている。時代劇に出てくる箱枕のことである。なんとこれが金一万円もするのだ。

髪の手入れが終われば、芸者衆の日課のお稽古ごとの時間が待っている。月のうち五日間とか一五日間とかの割合でびっしりスケジュールが決まっている。この時点では、彼女たちはまだ洋服であったり、お稽古用というか普段着の着物であったりする。

お稽古のメインは、やはり基本中の基本としての踊りが一番。芸者になれば全員が覚えさせられる芸事である。これは枕芸者とて例外ではない。

さらに長唄、小唄に端唄。このなかには当然その伴奏楽器としての三味線のお稽古も入っている。そして太鼓や鼓といった鳴り物。そのうえに常識事としてのお茶、お花にいたるまで。

これらを、ある程度習得しないと一人前と見なされないどころか、お座敷にも出られない。それを科目別に、今日は朝九時から長唄のお稽古、続いて一一時から踊りのお勉強という具合いに、それぞれの練習が、まるで学校の授業のように連日ブッキングされている。芸者の一日は、こんな〃お勉強〃の一日でもあるのだ。

ここまでやって、ようやくお座敷である。夕方の六時前ともなると、みなさん綺麗にお化粧をして、さらに自前の高価なお座敷着に着替えてスタンバイ。

「まゆみと申します。よろしくお願いします」

「五十鈴でございます。どうぞ御贔屓に」

「伊東温泉にようこそいらっしゃいました。今夜は心ゆくまでお座敷をお楽しみください」

日頃の〝お稽古〟の成果を発揮すべく、手によりをかけてのお座敷がスタートする。この部分だけは、ほとんどの人がすでに御存知の部分であろう。

芸者とコンパニオンはどう違うのか

ところで宴席に出てサービスをしてくれる女性というと芸者衆だけではなくコンパニオンというお姐さんたちもいる。この両者の違いは何なのだろうか。一見して外観で見分けがつくのは、原則として芸者のお座敷着は着物、それに対してコンパニオンのほうは洋装である。

さらにサービスの面では、その違いがいっそうきわだってくる。

にぎやかに盛りあがるお座敷の宴会の輪のなかに、芸者のお姐さんたちは、少なくとも三人一組で入る。そのうちのひとりは、必ず五〇代、六〇代の年かさのお姐さんがいるのである。

彼女が、人知れず上手に采配してくれて、若い妓をそれぞれの客席から客席へと、案配よくコーディネートしていく。これが伝統というもの。

気がついたときには芸者さん一人一人が、順番に席をひとまわりして、うまい具合に宴席のおさまりがつくようにしている。たいしたものである。

そして、この点がコンパニオンと芸者との大いに異なるところといえるだろう。ただ席にいて、その場の花としての役も果たせばOKのコンパニ姐さんと、客が気づかないうちにいろいろと仕切る陰の演出家がいる芸者衆たちとでは、かなりの違いがある。

収入のわりに〝必要経費〟が多い仕事

ここで芸者衆の経済活動を少しくわしく見ていこう。前述したように〝芸者の一日〟は美容院から始まる。彼女たちにとって髪の手入れは、何にも増しての最重要事項なのである。これを〝ヒガミ〟という。〝僻み〟ではけっしてない。〝日髪〟である。

この日髪の料金は、美容院によっても、また手入れの仕方によっても違うが、一般的にいって一回当たり二〇〇〇〜三〇〇〇円はかかる。まともに毎日行っていたら月に一〇万円近くのお金がかかってしまう。そこでお姐さんたちは、なんとか自分でセットしたりして髪をもたせて三日から四日に一回ぐらいまで美容院行きを切りつめる。

ところが、なかには意地の悪い先輩芸者がいて「アンタこの頃、いつでも自前で髪を手入れしているでしょう。駄目よ貧乏ったらしいから。見る人が見れば、わかってしまうから」などとイヤミをいわれる。けっこうハードな世界である。

続いてはお稽古ごとである。これ、ひとつひとつの科目、たとえば小唄でひとつ、踊りのなかのワンテーマでひとつ、と数えるのだが、一科目で三カ月に一回の割で一万円ぐらいの教授料を支払う。これも、それなりの出費になる。

さてお座敷着は、芸者のなりたては置屋にあるものを借りる。しかし、いつまでも他人頼みはできない。芸者を続けるかぎりは、年に数着ずつ自前の着物を買わなければならないのだ。

だいたいが、一年間で四着は平均して作るだろうか。作らない年でも、最低二着、正月用とアワセは作らねばならない。

これが想像するように、やたら高いのだ。たとえば正月用の留袖が四〇万から五〇万円はするだろう。いや、この値段のものなら恥ずかしくないというだけであって、上のほうになるとン百万単位のものはザラにある。

春物の正絹の着物なら、三〇万円ぐらいは確実にする。さらに夏は、絽にユカタ。それもユカタは何枚も一時に作る。本当に物入りな商売だ。

さらにやっかいなのは、着物を買えばそれですべてOKとはいかないない点にある。小物も、高価なものにはそれに見合ったものをもたなければならないのだ。

扇子もそうだし、カンザシもそう。さらにお座敷バッグも必要だ。なんたって下手なものは使えない。

扇子ひとつを例にとっても一本は五〇〇〇円ぐらいなのだが種類が必要だ。正月用にまずは扇の上部が紅色をしたテンベニの扇子。それと上部が紫色のテンムラも必要だ。あと前面が金で後面が銀色の、俗にキンギンという舞い扇もいる。その年その年の干支の扇子を幾種類かもっておかなければならない。

そんなこんなで、地方の歓楽温泉街の芸者さんでも月に一五万から二〇万円の支出があるのだ。当然これは仕事関連だけでだ。

収入は現在では多くて月に六〇万円。平均すれば三〇万から四〇万円というところか。けっして割のいい仕事ではないともいえる収支である。

彼女たちの時給三七一四円は高いか安いか

だからこそ、こんな声も聞こえてくる。

「ハゲを探すの。えっ？　ハゲって芸者の世界の隠語でパトロンのことよ。ハゲがいなくてはもたないとはいわないけど大変よね。だから枕芸者でなくとも、あっこの人パトロンになってくれそうだなと思えば、アフターアワーズのデートを誘われたら、たとえエッチ付きとわかっていても応じちゃう」

とは長岡の芸者さんのE子さん。彼女によると御当地では、二時間のスケベタイムで五万円が相場だという。それが山ひとつ越して熱海に出ると一気に二万円アップして七万円になるらしい。

E子さんの説明によると、目先の五万円よりも、うまくすればハゲを獲得できるかもしれないという判断で時間外デートに応じるとのこと。その点を何度となく強調している。

いずれにせよ、一発決めるまでいくと、たいていは一発代が五万円くらいで、そのほかに近くのモーテル代五〇〇〇円ほどが必要というわけだ。

ただし、その前のお座敷のほうでは、時間単位の花代がかかる。いってみれば芸者さんのギャラである。

これは三〇分を一本と数える。たいてい五〇〇〇円というのが相場。これを間に旅館が入って見番が入って置屋が入って、その先に自分がいる。間で何かと抜かれて手元に入るときには一八五七円になる。

つまり芸者さんは、三〇分の労働で一八五七円、時給になおせば三七一四円ということになる。

この花代、払う側からみると、高級ホテルでは、二時間で二万円ぐらい。小さな旅館でも同じ時間で一万四〇〇〇円程度を請求される。これを客が払う。

それが一般的に置屋では、ホテルに対して二時間で一万三〇〇〇円を請求する。これによって客から芸者本人に行くまでのお金がどのようにハジかれていくかがわかるだろう。

ただし、これは一応の目安であって全国どこでも一律ということではない。

芸者遊びを安くアゲるコツとは

ここで老婆心ながら蛇足をひとつ。ここまで見てきたように、芸者遊びをするときには究極のホテルなり旅館に頼むのが、もっとも高い。ならば次回からは芸者ダイレクトにお座敷を頼めば、かなり安くなる。

だから、宴会で芸者がついたら、そのなかの気に入った子に必ず名刺をもらおう。そして次回からは彼女に直接頼むようにする。さらに宴会の場所を、ホテルや旅館ではなく地元の寿司屋の二階とか料理屋を使うといっそう安くなるのだ。

遊びには必ず抜け道がある。それをいろいろに探してみるのも楽しみのひとつであろう。

最後に芸者置屋のオヤジさんが、こうアドバイスしてくれた。

「やはり芸者は口説くものなんですよ。その結果がどうあれね。彼女をうまく口説き落とすことも芸者遊びの大切な要素なんだから」

ただし断わっておくが、なにもハゲになるために口説くわけではない。そう、お姐さんとの愛ある一瞬をすごすために。

チョイの間

旧赤線地帯から生まれたフーゾク

「チョイの間」というフーゾクは、昭和三十三年三月三十一日の売防法施行後に登場してきたお仕事である。もちろん、それ以前にも〝チョイチョイ〟と手軽にエッチが楽しめる安手の遊び場はあったが、やはり線後の店とは若干趣きを異にする。

それまで赤線と呼んでいた男の遊び場が御法度になり、公明正大にセックスを楽しむことができなくなると、元の赤線地帯を中心に全国各地で似たような小料理屋やカッポウを名乗る店がひそかに、だが着実に出現してきた。

店に入って、そこのオカーさんでもオネーさんでも話がつけば、たいていストトンストトトンと階段を上ってお二階へ。そこで、わずか一五分なり三〇分なりの時間でコトに及びドピュッと発射させてもらう。この、お手軽フーゾクが、いわゆるチョイの間である。

さて、この業種の本場となると関東なら川崎の堀ノ内に南町。関西ならば大阪の飛田新地に松島新地。このあたりが有名である。

はたして、その仕事ぶりはいったいどんなものなのか。そんな有名どころではないけれど、独特の風情と歴史をもった京都の五条楽園をのぞいてみよう。潜入レポート風にまとめてみたが、これでだいたいのチョイの間の経済学のアウトラインはつかめるだろう。

「休んでいきぃ、休んでいきぃ」

ウン？　何なのかな？

「まぁ、なかに入りぃな」

ここは京都の五条楽園である。この古風な町のなかをブラブラ歩いていたら、これまた古風で大きな、一見するに料亭と思われるような造りの建物のなかから声がかかってきた。

薄暗い屋内をうかがうようにのぞいてみると、六〇年配のオバさんが呼んでいる。「休んでいきぃや」なのである。

そこで一歩、玄関から建物のなかへ身を乗り入れて、オバさんと向かい合う。

「いくらなの」

「四〇分で一万五〇〇〇円やな。若い子もいるし、年かさの人もおるで」

こちらの顔を見ながらオバさん。

「フーン、それなら上がらせてもらおうか」

「へイへイお越しやす。お客はん、そこで靴をお脱ぎやす。で、どないしまひょ。若い子がええのん？　それとも年かさの人にしまひょかぁ？」

「そやねェ、やはりワイ若い子がええわ」

なぜかこちらまで知らないうちに関西弁になってしもうた。じつに筆者はノリやすい性格なのである。もちろん女性にもノリやすい!?

昔ながらのレトロな遊び

京都のほぼ真ん中にある旧赤線ゾーンの五条楽園。市内を貫流する鴨川とその疎水で森鷗外の小説でも知られる高瀬川にはさまれた一画。もうひとつ説明を加えるなら弁慶と牛若丸がチャンバラをしたことがある京の五条大橋。そのたもとにあるのが五条楽園で、ここに約四〇軒ほどのお茶屋がある。

それらの建物は、どれも古びた和風の家屋で、いかにも古都の遊び場という風情が漂っている。京都駅からタクシーで七〇〇円ちょっと、時間にして一〇分ほどのところ。そして市の中心街である四条河原町からでも歩いて一〇分ぐらいだろうか。隣町である。しかし、高瀬川を渡って五条楽園に一歩足を踏み入れると、そこは都会の喧騒とはまったくかけ離れたレトロな雰囲気がただよう世界なのだ。

関西では、旧赤線で現在でもフーゾク遊びができる地区をよく新地という。飛田新地、松島新地、今里新地、それに信太山《しのだやま》新地などがあるが、これらの新地のどこと比べても、五条楽園はもっとも古風で和風でレトロな街なのだ。

なんといっても、いまだにこちらでは遊ぶ場所のことを〝お茶屋〟と呼ぶ。そう、江戸の昔の忠臣蔵で大石良雄が吉良家討入りの本心を隠そうと祇園の一力というお茶屋で遊びまくったという逸話がある。あの話の舞台のお茶屋、それが現在にいたるまで続いているのだ。

さらに、こちらでは客の相手をしてくれる女性のことを〝芸妓《げいこ》〟という。これが飛田新地だと〝ホステス〟になる。そして、いまではほとんど御当地でも見られなくなってしまったが月の初めの数日だけは昔ながらに着物を着る芸妓さんもいる。

さらにさらにレトロは続く。

いまや、どこの新地に行っても、いや国内の〝チョイの間〟系の遊び場に行っても、女の子はその店に所属している。つまり、レトロな言い方をすれば〝抱えっ子〟ということになる。

しかし五条楽園は違う。こちらでは、お茶屋はお茶屋。そして女の子が所属しているのは置屋。だから、客がくればお茶屋から置屋に連絡がいって、そこから芸妓がやってきてお座敷に出る。まったく、芸者の世界と同じシステムというより、江戸時代から今日にいたるまで、こちらでは旧来と変わらない形式をとっているのだ。これをレトロといわずして、いったい何をレトロというのか。

女の子を選べないのが本来のスタイル

飛田や松島では、通りから店のなかをのぞくと玄関のたたきにパイプ椅子を置いて、そこに女の子が座っている。この子がお相手します、の意味である。で、気に入れば彼女を選んで店に上がるのだが、五条楽園では女の子は最初はいっさい姿を見せない。二階に上がって座敷に通されて、そこで初めて女の子とご対面なのである。だから直接に顔を見てギャルを選ぶことができない。

この方法が本来の遊びのスタイル。その伝統はソープランドにまで続いていて、以前はソープですら、店がつけてくれる女の子と遊ぶのが常だった。客に相方の選択の余地はなかったということだ。最近では、写真見世とか顔見世なんてことでギャルの顔をあらかじめ見せてから遊ぶ方式の店がほとんどだが。

だから以前は、今日はどんな子と出会うか、はたまた遊べるのか。この間の子より良いか悪いか。なんてスリリングな期待を抱いて遊びに行ったものである。これもレトロな楽しみになってしまった。

とはいっても、あまりにも納得がいかなかったり、応対がひどければチェンジはできる。そんなときのために、オバさんに呼びかけられて、上がるかどうかの交渉をする際に、一発カマしておけばよいのだ。

「気に入らない子がきたら、俺帰るからね。それでもいいね」

こういっておくことが大切。たいていはチェンジしてくれる。

御当地の芸妓さんは、年齢的には三〇、四〇代が多く、なかには六〇代などという古手のお姐さんもいる。全員で五〇名ほどだろうか。数はそれほど多くないので、お座敷のかけもちがほとんどである。けっこう忙しい仕事なのだ。

その芸妓たちは、たいていが楽園近くのアパートとかマンションに住んでいて、お座敷がかかると、そそくさと用意をしてやってくるのだ。

お姐さんたちの多くは、バツイチであったりワケありであったり。それなりに一所懸命頑張っている人たちばかりなのだ。

なかには通っているうちに仲良くなって直接近くの旅館で待ち合わせたり、彼女の部屋を訪ねたり。お茶屋を通さずに相手をしてもらっているラッキーな幸せ者のなじみ客もいるという。こうなると、お姐さんに直接渡す〝お礼〟だけですむようになる。つまり安くあがるわけだ。

「座布団二枚」こそがあるべき姿

これで五条楽園のおおよその輪郭が理解できたと思うのだが、それでは街のなかをブラついてから、オバちゃんのすすめにしたがってお茶屋へと、いざくり出してみよう。

京のメインストリートの河原町通りから入って、五条楽園の看板をやりすごし、浅いせせらぎに白サギが餌をついばんでいる高瀬川を渡って街のなかへ。

路地を歩いていると、チントンシャンなんて三味線の音が聞こえてきたり、甘酒を湧かす美味しそうな匂いがプーンとただよってきたり、鴨川にはオシドリやカモメが群れていたり。

「休んでいきぃ、休んでいきぃ」

件《くだん》の呼び声がかかってくる。

「まあ、なかに入りぃな」

で、格子戸を通って海老茶色のノレンをくぐって玄関のたたきに立つ。そこで交渉成立すれば、お二階へおひとりさんゴアンナーイ！　なのである。

二階にある個室は、四畳半ほどの広さ。その中央に卓台があって前後に座布団が二枚。この座布団が、チョイの間というお仕事にとっては、とても大切な道具なのである。

この頃は、場所によっては座布団の代わりにベビー布団を用意しているところもあるようだが、これは邪道である。やはり何といってもチョイの間の世界では、座布団二枚を並べておいて、その上に横たわる。これこそが本来の、一発有事に際しての、あるべき敷きものなのだ。

この座布団には、たいていバスタオルをかける。つまり一発発射したときに汚れないためにの心がけなのだ。これぞセイ活の知恵といえるものだろう。

座敷に入る。女の子がビールの小ビンと乾きものをお盆の上に載せて階段を上ってくる。ふたり向かい合って座り、とりあえず一杯飲む。

「お客さん遊ぶんでしょう」

A子サンと名乗った三〇ちょいという年格好の芸妓（とはいっても、もちろん洋服姿だが）が、ビールのグラスを卓台に置くか置かないかの瞬間を見逃さずに聞いてきた。

「ウムそうだね、一発お願いしにきたよ」

「それじゃあズボン脱いで。ちょっとここ片付けるからね」

で、卓台を部屋の片隅に押しやって、件の座布団二枚を部屋の真ん中にくっつけて敷いて上からバスタオルをかける。まさにオーソドックスなチョイの間の手順である。

限られた時間ではあるが、世間話をしたり、酒を飲んだりしているうちに彼女とも打ち解けてくる。プレイ時間はせいぜい三〇分そこそこなのだから、コトとしだいによって延長をすればいいだろう。

それにしたって三〇分ちょいを二人きりでウンヨウンヨとやれば、それなりにいろいろとできるものだ。エッチを味わうには十分すぎるほどの時間である。

この道で通になる方法とは

チョイの間の場合、初めのうちはどうしてもビジネスライクにコトは進んでしまうのだが、それをできるだけ雰囲気のあるエッチにまで高めていけるかどうか。これは経験である。回数を積んで場数を踏めば、しだいに内容の濃い密度の高いスケベを堪能することができるようになるだろう。

たとえ事務的なお仕事内容の彼女だって生身の女性である。そこをテクニックで攻めたててみよう。それこそ、相手の性感帯だとか好みの体位を、体験を通して理解していく。

たしかに、通り一遍の遊びなら、そこまでする必要はないが、そこから先の情緒纏綿とした世界を、この五条楽園で味わいたいと思ったらの話だ。浅く遊ぶのも楽しみなら深くどっぷり遊んでみるのも、これ、楽しみ方のひとつではないだろうか。

さて、こんな具合いの遊びがチョイの間だが、ひとつポイントを御教示しておこう。それにはまずお気に入りの子を見つけることからスタートする。

そして、一度行って気に入ったら必ず短い期間のうちに、もう一度遊びに行く。「キミが気に入ったから、またきたよ」なんてことをいいながら座敷に上がるのだ。これが効くのである。古い表現でウラを返すというやつだ。

さらに、もう一回行く。三度目となって初めて花街ではなじみ客となる。ここまでくるとおのずと女の子の接し方も変わってくる。なかには、前述したようにお茶屋ではなく近く(楽園のなかの)の旅館で会うことを推める子もいるだろう。それも泊りで。

「ねェ、オールナイトでいきましょうよっ。あそこの旅館で待っていてちょうだい」

なんてことになれば、これはモテた証拠でもあるのだが、彼女たちにしてみると、一二時以降の客のエッチ料は、すべて自分の手元に入る実収入なのだ。つまり、格好のアルバイトでもあるわけで、一石二鳥。色と欲の道づれみたいなものである。

〝三〇〇〇円の差〟はいったい何なのか

ところで気になるのは、こちらでのお遊びの料金についてである。五条楽園のお茶屋のなかには、なんとも立派な格式ある店構えのところもあって、高いのではないかなどと、臆したりすることもあるだろう。

客引きのオバちゃんに聞いてみよう。

「そりゃ、たいていは一万二〇〇〇円から一万五〇〇〇円といったところやね。これで三〇分遊べてビールが一本つくの。協定料金ではないけれど、どこでもだいたい一緒やね」

ところで、どうして一万二〇〇〇円から一万五〇〇〇円まで差があるのか。べつのオバちゃんがこっそり教えてくれた。

「なぜかというと若い子と年増の女の子では、当然違いまっしゃろ。それを分けているんです。いってみれば商品価値の違いでね、へェ」

それで泊りは、朝までで三、四万円が相場である。プラスすること旅館代が五〇〇〇円前後と見ておけば間違いない。この泊り分はすべて女の子の取り分になる。

古都・京都の、それも鴨川のほとりにあるレトロな花街の五条楽園。芸妓さんがいて、置屋があって、古い日本のスケベ遊びの世界が、ひそやかに息づいている。もはや他の花街では見かけない風情を楽しんでみるのも一興かも。

この五条楽園は、関西に数あるチョイの間フーゾクのなかでも比較的年齢層の高い女性が多い遊び場である。四〇代が中心層とみてよいだろう。一方、大阪の飛田や松島あたりになると、最近は二〇代のそれも前半という若いピチギャルがどんどん流れ込んできていて、お仕事に励んでいる。

需要が多ければ取り分も多くなる

この年齢差のことでおもしろい話がある。料金の分配率について、その昔はどこのチョイの間の店でも、女の子の取り分はたいていの場合、半分ほどであった。つまり、一万四〇〇〇円の店なら女の子の手取りは七〇〇〇円。これが暗黙の決まりだった。

どこの店でも一律こうなっていたのだが、この頃は、かなり様相が変わってきた。それも若い子がチョイの間に多く入ってくるようになってからだ。

若い子、売れる子たちは、いまや半分以上の取り分を要求する。場合によっては一万四〇〇〇円の料金なら一万円近くを自分の取り分とする。以前は一律だったものが、力関係で客を多く集められる子は手取りの比率を高く要求するようになったのだ。また、それを店側も認めるようになってきた。

芸妓がいて置屋があってお茶屋がある五条楽園では、この三者で多くの場合が二対一対一の割で料金を分配する。

それ以外の関西のチョンの間の店では、女の子と店とで一対一が原則だが、そこを話し合いで六対四とか、さらに七対三ぐらいの比率で分け合っているようだ。

チョイの間の場合は、あらためての設備投資もあまりないし、消費される経費もそれほど必要としない。だから、こんな明快な分配のシステムが成り立つのである。

参考までに全国のチョイの間フーゾク店の相場を列記しておく。

沖縄の新町とも呼ばれる真栄原では一万円（二〇分）。高知の堺町にある地元では〝パンパン屋〟と呼んでいる店では一万五〇〇〇円（三〇分）。石川県の歓楽温泉街である片山津の〝一発屋〟というチョイの間では一万五〇〇〇円（三〇、四〇分）。大阪の飛田は一万五〇〇〇円（二〇分）が相場だ。一方の松島は一万四〇〇〇円（三〇分）と微妙に違う。

関東では、まず横浜の黄金町が一万円（一〇分）。こちらの女の子はほとんどがタイの子である。川崎の堀之内が一万円（三〇分）、町田の〝田んぼ〟が一万円（二〇分）、横須賀の安浦が五〇〇〇円（一五分）。

こうみてくると、なんとなく似たような料金と時間の設定になっているようだが、それそれにかなりの差があることがわかる。たとえば、ホテトルの場合だと全国どこに行ってもたいていが二万五〇〇〇円というのが一発のお値段になっているのだが、チョイの間の世界は違うようだ。

それは、おそらくホテトルが、ここ二〇年間ぐらいの間で全国に広まったのに対し、チョイの間は、より長い時間で、いまのようになったため。それぞれの地域性が料金や時間に反映しているせいであろう。

フーゾクの経済学《けいざいがく》

欲望産業の原価がわかる本

二〇〇〇年四月一五日　初版発行
二〇〇〇年七月一五日　三版発行

著　者——岩永文夫《いわながふみお》

©Iwanaga Fumio, printed in Japan, 2000

発行者——栗原幹夫
発行所——ＫＫベストセラーズ
〒170-8457　東京都豊島区南大塚2-29-7
電話〇三-五九七六-九一二一（代表）　振替〇〇一八〇-六-一〇三〇八三
印刷所——新井印刷　製本所——明泉堂　写植・製版——三協美術
ISBN4-584-10320-8 C0233

定価はカバーに表示してあります。乱丁・落丁本がございましたらお取り替えいたします。

本書の内容の一部あるいは全部を無断で複製複写（コピー）することは、法律で認められた場合を除き、著作権および出版権の侵害になりますので、その場合はあらかじめ小社あてに許諾を求めてください。